문화와 AI

— 기계의 마음, 인간의 자리 —

Le Monde +

목차

3부 생성형 AI와 예술의 자리매김

ChatGPT와 생성형 AI… 복잡한 과학 기술은 이제 빛의 속도로 발전하고 있습니다. 이 기술은 방대한 데이터를 학습하여 인간의 취향과 감각을 예측하고, 다시 알고리즘으로 조직합니다. 오늘날 우리는 더 이상 '문화를 향유하는 주체'가 아니라, 알고리즘이 제시하는 선택지 위에서 문화를 소비하고 재구성하는 존재가 되었습니다.

알고리즘을 따라가며 콘텐츠를 소비하는 일상에서 어떤 문화는 순식간에 부상하고, 또 어떤 문화는 너무 빨리 사라집니다. 그러나 모든 변화의 소용돌이 속에서도 우리가 놓치지 말아야 할 질문이 있습니다. 인간이란 무엇일까요? 예술과 교육, 전통과 감정은 AI 시대에 어떻게 다시 쓰일까요? 그리고 우리는 어떤 문화적 책임을 공유해야 할까요?

이번 문화평론집 『문화와 AI: 기계의 마음, 인간의 자리』는 이러한 질문에 응답하고자 집필되었습니다. 영화·음악·문학·연극·교육 등 서로 다른 분야를 아우르는 동시에 인공지능이라는 공통의 주제를 통해 현대 문화의 새로운 좌표를 탐색하고자 했습니다. 책은 크게 네 개의 부로 구성되어 있으며, 각 부는 AI와 문화의 교차점을 드러내는 핵심 키워드로 갈음했습니다.

첫 번째 부 「인간을 재현하는 기계, 인간을 상상하는 영화」는 영화 속 인공지능 표상과 인간성 담론을 살펴봅니다. 스필버그의 〈A.I.〉에서부터 SF영화 전반에 걸쳐 AI는 인간이 자기 자신을 비추는 거울이자 미래적 상상력을 자극하는 장치로 기능합니다.

두 번째 부 「감정 노동과 대중문화의 알고리즘」은 K-POP, 팬덤, 감정노동, 그림책 등 대중문화 현장에서 AI가 정동과 관계를 재편하는 방법을 들여다봅니다. 버추얼 아이돌이 불러일으키는 감정의 긴장, '친절한 폭력성'으로서의 서비스 AI, 그리고 그림책을 통한 기계-인간 상상력의 교차가 주요 논점입니다.

세 번째 부 「생성형 AI와 예술의 자리매김」은 예술 창작에서 AI가 차지하는 위치를 다룹니다. 연극과 예술 현장에서 AI는 더 이상 외부의 도구가 아니라, 관계와 주체성을 재구성하는 내부 요소로 자리 잡았습니다. 창작의 윤리와 사회적 책임, 예술 담론의 변화가 이 부의 핵심입니다.

네 번째 부 「AI 지질시대와 인간의 진화」는 교육과 전통이라는 장기적 층위를 조망합니다. 디지털 교과서와 맞춤형 학습 기술이 교육의 공공성에 던지는 질문, 한국적 전통과 AI의 창조적 접속은 우리가 살아갈 '지질시대적 미래'를 전망하게 합니다.

어쩌면 이 책은 '문화적 알고리즘'의 또 다른 형태일지도 모릅니다. 유튜브 숏츠나 릴스가 제공하는 즉각적 알고리즘과 달리 이 책은 느리지만 깊은 성찰의 즐거움을 탐독할 수 있는 계기를 드리고자 했습니다. 독자들이 AI와 문화의 접속면을 사유하며, 보이지 않는 패턴을 읽어내는 지적 긍정을 누리기를 바랍니다.

마지막으로, 이 책이 세상에 나오기까지 묵묵히 지원해 주신 르몽드 성일권 대표님, 서곡숙 편집장님과 김정희 부편집장님, 편집과 디자인을 멋있게 해주신 유주희 디자이너님, 그리고 날카로운 시선과 성실한 글쓰기로 함께해주신 집필진 여러분께 깊이 감사드립니다. 무엇보다도 알고리즘이 범람하는 시대에도 이 책을 집어 들어 읽어주실 독자 여러분께 고마움을 전합니다. 독자님이 계시기에 우리의 성찰과 탐구는 살아 있습니다.

여기에 실린 글들이 생각의 씨앗이 되어, 학문적 토론과 사회적 실천으로 이어지길 기대합니다.

2025년 12월

9인의 필자를 대표하여

이 지 혜

김세연

문화평론가이자 소설가. 문화전문지 《쿨투라》 제13회 신인상 문화비평 부문으로 등단해, 디지털 환경 속 대중문화와 서사의 변화를 탐구해왔다. 《불교문예》에 소설 「탑」(2010)을 발표하고, 소설집 『홀리데이 컬렉션』(2019), 앤솔로지 『코로나 19 기침소리』(2020), 평론집 『뉴미디어 시대, 콘텐츠를 읽다』(2022)를 출간했다. 동국대학교 문예창작학과를 졸업하고, 동 대학원 국어국문학과에서 박사학위를 받았다. 현재 동국대 서사문화연구소 전문연구원으로 재직 중이다. (이메일 dlwp822@hanmail.net)

김소영

문화평론가. 한국외국어대학교 학술연구교수 겸 한양사이버대학교 겸임교수. 한국영화학회 국제학술상임이사와 글로벌문화콘텐츠학회 학술이사를 역임하였다. 현재 한국브레히트학회 공연이사이자 『영화연구』와 『반영과 재현』 편집위원 및 『스토리콘텐츠』 편집위원장을 맡고 있다. 급변하는 디지털 대중문화의 물질성에 관한 연구를 수행 중이다.

김정희

문화평론가, 종로 여행(女行)길 크리에이터, 《르몽드 디플로마티크 문화톡톡》 부편집장. 이화여자대학교를 졸업하고 대학원에서 교육철학을 전공했다. 한양대학교, 부천대학교에서 교직과목을 강의했다. 강남여중교사였고, EBS 사교육 경감 모니터링단으로 활동했다. 현재 종로평생학습관 강사, 중구 교육지원센터 강사, 상현중·미성중 진로 강사로 활동하고 있다. 문화평론집 『문화, 공동체를 상상하다』(2022, 공저), 『우리는 왜 피로한가』(2024, 공저), 『탈 궤도의 문화 읽기』(2025, 공저) 등을 출간했다.

서곡숙

문화평론가, 영화평론가. 서울대학교 국어국문학과를 졸업하고, 동국대학교 연극영화과 대학원에서 영화학 전공으로 석사 학위와 박사 학위를 받았다. 산업자원부 산하 기관연구소 경북테크노파크에서 문화산업 정책기획 선임연구원, 팀장, 실장으로 근무하였다. 서울영상진흥위원회 위원장, 한국영화100년 기념사업추진위원회 학술출판분과 위원장, 국제영화비평가협회 한국본부 사무총장, 한국영화평론가협회 사무총장 등을 지냈으며, 부산국제영화제, 전주국제영화제, 부천국제영화제 등에서 심사위원으로 활동했다. 현재 청주대학교 영화영상학과 교수로 있으면서, 한국영화교육학회 부회장, 계간지 ≪크리티크 M≫ 편집위원장 등으로 활동하고 있다. 평론집으로는 『영화와 사랑』, 『영화와 범죄』, 『웹툰과 로맨스』, 『영화와 자화상』 등이 있다.

이지혜

문화평론가. 영화평론가. 문화콘텐츠연구자. 《쿨투라》 신인상 영화평론부문 신인상으로 등단. 한국영화평론가협회 정회원. 문화콘텐츠를 연구하며 경희대와 국립경국대학교에서 강의 중이다. 르몽드에 문화평론을, 《쿨투라》 등에 영화평론을, 〈서울책보고〉 등에 에세이를 기고했다. 2025년 이해이라는 필명으로 앤솔로지 『이해라는 오해에 관하여』에 단편소설 「모르는 사람을 봤어」을 기고하며 소설가로 데뷔했다. (leehey@khu.ac.kr)

이윤진

ESG·SDGs를 연구·실천하는 문화평론가로, SDG경영연구소 소장이자 『ESG 비즈니스리뷰』 편집인이다. 심리학·경제학·경영학을 아우르는 학제적 시각으로 ESG와 문화·사회를 잇는 비평을 전개하며, 선한 변화와 행동을 촉발하는 담론을 기획한다. 『ESG 배려의 정치경제학』 등 저서를 통해 지속가능성의 지평을 넓히고 있다.

임형진

독일 베를린자유대학교(FU Berlin) 인문철학부에서 에리카 피셔-리히테의 지도로 연극학 전공 철학박사(Dr. phil) 학위를 취득하였다. 연출가, 연극학자로서 수행성 이론과 포스트드라마 연극 개념을 중심으로 연극이 사회적 변화를 가져올 수 있는 그 실천적 가능성에 주목하고 있다. 주요 연출작품은 베르톨트 브레히트의 연극 〈동의에 관한 바덴의 학습극〉, 〈억척어멈과 그의 자식들〉, 〈소시민의 칠거지악〉, 사운드 퍼포먼스 〈콜로이드 사운드 랩〉, 오페라 〈라 트라비아타〉 등이 있으며, 주요 연구논문은 〈소리의 몸성과 수행적 창출〉, 〈윤이상 음악의 보이지 않는 몸과 타자의 정체성〉, 〈뱅크시 예술의 수행성〉 등이 있다. 서울국제공연예술제(SPAF) 제5회 젊은 비평가상을 수상하였으며, 현재 극단 '테아터라움 철학하는 몸'의 대표 및 상임연출가, 상명대학교 예술대학 연극전공 교수로 재직하고 있다.

최양국

격파트너스 대표 겸 경제산업기업 연구 협동조합 이사장. 점-선-면의 현상을 인간-자연-지구의 유기체적 연결을 통한 진화와 동일 맥락에서 바라보는 서사를 나누려고 한다. 없음과 있음의 같음과 다수와 중우의 다름을 정반합으로 나아가는 길에 동행하며 문화와 경제의 인문학적 융합을 통한 가치 창출과 공간의 역량 진화 및 미래, 전통과 예술에 관심을 두고 있다. 제3회 르몽드 문화평론가상(2021)을 받았다. 문화평론집 『문화, on&off 일상』(2021, 공저), 『문화, 정상은 없다』(2022, 공저), 『문화, 공동체를 상상하다』(2022, 공저), 『우리는 왜 피로한가』(2024, 공저), 『탈궤도의 문화읽기』(2025, 공저)등을 출간했다.

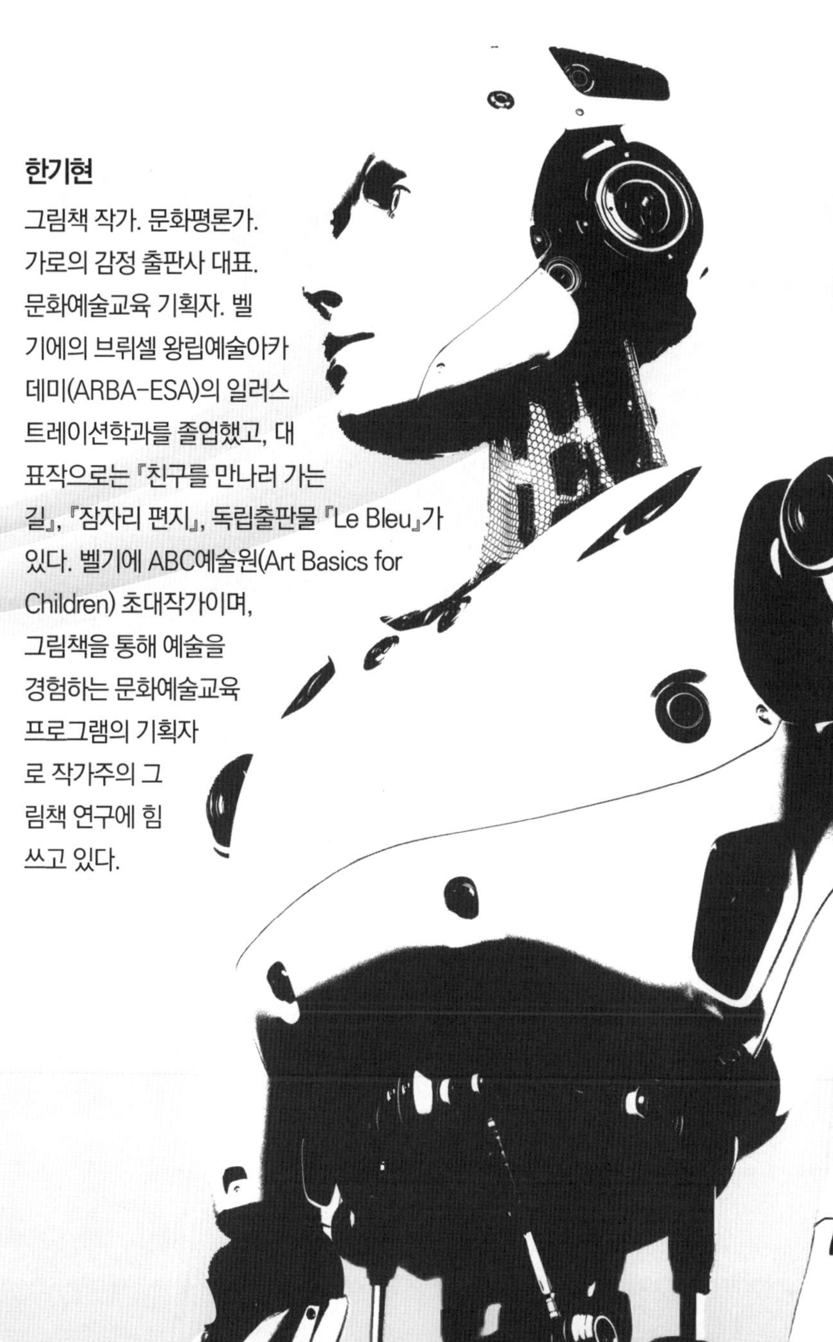

한기현

그림책 작가. 문화평론가.
가로의 감정 출판사 대표.
문화예술교육 기획자. 벨
기에의 브뤼셀 왕립예술아카
데미(ARBA-ESA)의 일러스
트레이션학과를 졸업했고, 대
표작으로는『친구를 만나러 가는
길』,『잠자리 편지』, 독립출판물『Le Bleu』가
있다. 벨기에 ABC예술원(Art Basics for
Children) 초대작가이며,
그림책을 통해 예술을
경험하는 문화예술교육
프로그램의 기획자
로 작가주의 그
림책 연구에 힘
쓰고 있다.

1부
인간을 재현하는 기계, 인간을 상상하는 영화

1장
AI/인간의 전도와 유토피아/
디스토피아의 경계

| 서곡숙 |

2장
AI의 기억,
SF영화는 어떻게 휴머니즘을 말하는가?

| 김소영 |

1장
<A.I.> - 인간 / AI의 전도와 유토피아 / 디스토피아의 경계

| 서곡숙 |

고도의 문제해결 능력 AI와 영화 〈A.I.〉

AI(Artificial Intelligence)는 인공 지능, 즉 고도의 문제 해결 능력을 가진 인공적 지능을 말한다. 인공 지능은 기계를 인간 행동의 지식에서와 같이 행동하게 만드는 것, 어떤 문제를 실제로 사고하고 해결할 수 있는 인공적인 지능을 만들어 내는 것, 기계가 인간의 학습 능력, 추론, 지각, 자연언어 이해, 문제 해결 등의 지능적인 능력을 습득하는 것이다. 이에 대한 영화는 〈원더랜드〉(김태용, 2024), 〈업그레이드〉(리 워넬, 2018), 〈Her〉(스파이크 존즈, 2014), 〈A.I.〉(스티븐 스필버그, 2001) 등이 있다. 〈원더랜드〉는 죽은 사람을 인공 지능으로 복원하는 내용이고, 〈업그레이드〉는 사지마비 환자가 인공 지능 칩의 도움을 받아 복수하는 내용이고, 〈Her〉은 대필

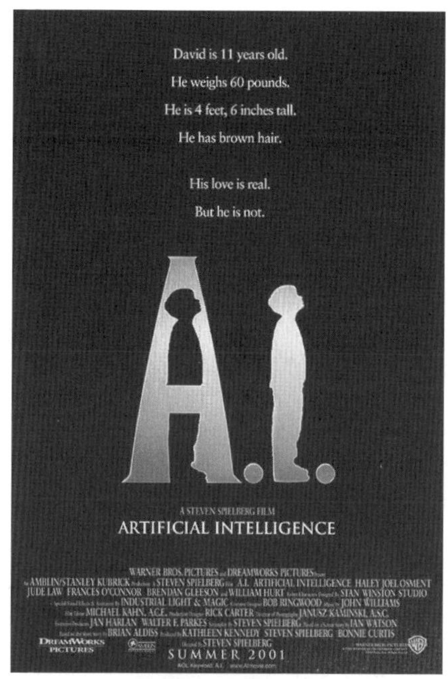

〈A.I.〉 포스터 ⓒ 네이버 포토

작가가 인공 지능과 사랑에 빠지는 내용이고, 〈A.I.〉는 인간과 인공 지능의 관계를 다룬 영화이다.

영화 〈A.I.〉는 천연자원의 고갈로 인공 지능을 가진 인조인간들의 봉사가 상용화되는 미래 사회에서, 마지막 관문인 감정을 주입한 아이 로봇의 제작을 다룬 영화이다. 감정을 가진 최초의 인조인간 데이빗(할리 조엘 오스먼트)은 인간을 사랑하게 프로그래밍된 최초의 아이 로봇이다. 데이빗은 각인된 엄마 모니카(프란시스 오코너)의 사랑을 갈구하지만 버림받고, 인간이 되기 위해 지골로 조(주드

로)와 함께 푸른 요정을 찾는 여정에 나선다. 아이 AI로봇 데이빗의

두 가지 소원은 인간이 되는 것, 엄마의 사랑을 받는 것이다.

아이러니: 인간 아이의 계략과 아이 로봇 AI의 순수성

모니카가 각인 지침서를 꺼내 데이빗을 각인시키는 장면 ⓒ 네이버 포토

〈A.I.〉는 AI의 순수성과 인간의 계략을 통해 아이러니를 보여준

다. 이 영화는 환경의 변화로 인한 인간-로봇 공존의 시대, 데이빗/

모니카와 데이빗/헨리의 관계 변화, 인간의 계략과 AI의 순수성 대

비를 통해 상황의 아이러니를 그려낸다.

〈A.I.〉에서 인간이 로봇을 만드는데 환경이 열악할수록 인간보다

로봇에게 적합한 환경이 된다. 이상기후 현상으로 인간의 생존력이

떨어지고 로봇이 필요한 세상이 온다. 배고픔과 식량 문제 때문에 출산을 법적으로 엄격하게 제한하게 되어서 자녀 수가 부족하게 되고, 자녀가 불치병에 걸린 경우에는 그 영향이 크기 때문에, 아이 로봇의 필요성이 제기된다.

데이빗이 모나카에게 로봇장난감 테디를 선물받는 장면 © 네이버 포토

〈A.I.〉에서 데이빗을 중심으로 데이빗/모니카의 관계와 데이빗/헨리의 관계가 반비례한다. 데이빗/모니카의 관계는 상승 곡선이고, 데이빗/헨리의 관계는 하강 곡선이다. 데이빗/모니카의 관계는 분노, 망설임, 놀라움, 친밀함, 사랑의 순서로 변하면서 상승의 곡선을 보여준다. 모니카는 아이 로봇 데이빗을 보고 화를 내고 계속 따라다니는 데이빗을 보며 힘들어하고, 모니카 입에 걸린 파스타 면을 보고 웃는 데이빗을 보며 마음을 열고 잠옷을 입혀주고 각인시키고,

죽지 말라고 애원하는 데이빗에게 마틴의 장난감 테디를 선물하고, 헨리가 폐기처분하려고 하자 데이빗을 구하기 위해 숲에 유기한다.

반면에 데이빗/헨리의 관계는 호감, 불안, 적대감의 순서로 변화하면서 하강의 곡선을 보여준다. 헨리는 처음에는 불치병에 걸려 냉동상태인 아들 마틴에게 집착하는 아내 모니카의 마음을 돌리기 위해서 데려온 아이 로봇 데이빗에게 호감을 느끼고, 다음에 마틴이 완치되어 집에 돌아오면서 데이빗으로 인해 불안해하고, 로봇 데이빗으로 인해서 아들 마틴이 위험해진다는 생각에 데이빗에게 분노를 느끼고 적대시한다.

데이빗과 테디가 함께 있는 장면 ⓒ 네이버 포토

〈A.I.〉는 인간의 계략과 AI의 순수성을 통해 상황의 아이러니를 보여준다. 데이빗/마틴의 관계는 데이빗/부부의 관계에 영향을 미친다. 마틴은 자신의 대체품인 아이 로봇 데이빗을 불편하게 생각하고, 엄마와 자신 사이에 끼어드는 데이빗을 질투하고, 엄마의 사랑을 조금이라고 나누는 것이 싫어서 데이빗을 내쫓고자 한다. 예를 들면, 그는 날기, 장난감 부수기, 제조 연월일 묻기, 『피노키오』책 읽기, 시금치 먹기, 가위로 엄마의 머리카락 자르기 등 계속 계략을 짠다.

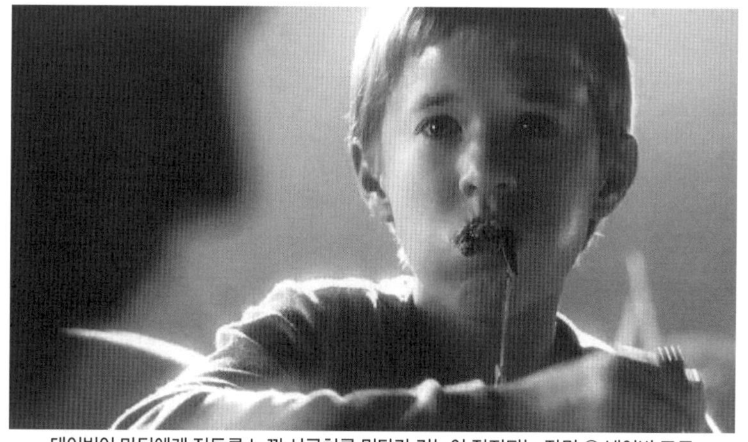

데이빗이 마틴에게 질투를 느껴 시금치를 먹다가 기능이 정지되는 장면 ⓒ 네이버 포토

그래서 아버지 헨리는 아들 마틴에게 데이빗이 위험한 존재라고 생각해서 계속 경계하고 불안해한다. 마틴은 데이빗에게 처음에 생일을 묻지만, 나중에는 제조 연월일을 묻는다. 데이빗은 제조 연원일을 기억하지 못하지만, 큰 날개를 가진 새를 기억해낸다. 나중에

하버 교수를 만났을 때 큰 날개를 가진 사람의 이미지를 보고 하버 교수의 연구실이 자신이 제조된 곳이라는 사실을 알게 된다. 마틴은 데이빗 자신이 인간이 아니라 인간이 만든 기계라는 것을 깨닫도록, 엄마 모니카에게 『피노키오』 책을 읽어달라고 부탁한다. 하지만, 데이빗은 자신도 피노키오처럼 푸른 요정을 만나 진짜 인간이 되기를 소망하게 된다.

마틴은 데이빗이 위험한 존재라는 것을 인식시키기 위해 데이빗에게 가위를 들고 모니카의 머리카락을 자르게 하여 아버지 헨리가 데이빗을 적대시하게 만든다. 하지만, 2천 년 후 데이빗이 잘린 머리카락으로 재생된 모니카와 재회하게 만드는 계기를 부여한다는 점에서 상황의 아이러니가 나타난다. 마틴의 친구들이 데이빗에게 칼로 위협하여 두려움을 느낀 데이빗이 마틴을 껴안으며 "지켜줘"라고 말한다. 하지만, 이 모습은 멀리서 볼 때 마치 데이빗이 마틴을 죽이기 위해서 껴안고 수영장에 뛰어드는 모습으로 비춰져, 헨리가 데이빗을 폐기처분하는 결정을 내리게 만든다. 데이빗은 피해자이지만 가해자로 오인받는다.

〈A.I.〉의 전반부 스타일은 이미지의 유사성, 부분 정보, 오버더숄더숏, 미디엄숏과 클로즈업, 슬로우 모션, 멀어지는 카메라를 통해서 미래의 암시, 호기심과 긴장감, 어색함과 친밀감, 감동과 기대감, 정보의 강조, 버림받은 슬픔을 표현한다. 하버 교수의 설명 장면에서 AI 여자 로봇이 화장하는 모습과 도로 위에서 달리는 차 안에서 모니카가 화장하는 모습이 연결되면서 이미지의 유사성을 강조하는 편집을 통해서 인간 모니카가 인간과 AI 로봇의 관계에 대해 고민하는 미래를 암시한다. 모니카가 아이 로봇 데이빗과 처음 만나는 장면에서 카메라는 데이빗의 하체를 먼저 보여준 후 데이빗의 상체 즉 미소 짓는 얼굴을 보여줌으로써 부분적인 정보 노출로 호기심과 긴장감을 유발한다.

모니카가 데이빗을 숲에 유기하는 장면 ⓒ 네이버 포토

모니카가 걔인 지침서를 꺼내 데이빗을 각인시키는 장면은 데이빗 시점과 모니카 시점의 오버더숄더숏을 통해 교감을 표현하고, 미디엄숏에서 클로즈업으로 다가가는 카메라는 통해 어색함에서 친밀함으로의 변화를 표현한다.

데이빗이 자신을 유기하려는 모니카에게 매달리는 장면 ⓒ 네이버 포토

모니카가 마틴에게 『피노키오』 동화책을 읽어주는 장면에서, 미디엄숏에서 클로즈업으로 데이빗에게 다가가는 카메라는 푸른 요정을 만나면 인간이 될 수 있다는 소망으로 감동받은 데이빗의 기대감을 표현한다. 가위로 잘린 모니카의 머리카락이 테디 앞에 떨어지는 장면은 슬로우 모션을 통한 강조로 머리카락으로 모니카가 재생되는 미래에 대해 암시한다. 데이빗이 수영장 물에 마틴을 빠뜨렸다는 오해를 받고 혼자 버려지는 장면에서, 미디엄숏, 풀숏, 롱숏으로 데이빗에게 점점 멀어지는 카메라는 보이지 않는 마틴보다 수영장 바닥에 버려진 데이빗을 보여줌으로써 인간보다 AI 로봇에게 감정이입을 한다.

대비: 남성 인간의 폭행과 남성 섹스 로봇의 치유

데이빗이 지골로 조와 함께 사냥꾼을 피해 달아나는 장면 ⓒ 네이버 포토

〈A.I.〉는 남성 인간의 폭행과 남성 섹스 로봇의 치유를 대비적으로 보여준다. 푸른 요정을 찾는 여정은 인공 지능 AI에 대한 혐오와 정신/육체의 전도를 드러낸다. 이 영화에서 남성 섹스 로봇은 여성을 만족시키는 반면 남성 인간은 여성을 살해하고, 플레시 페어는 AI를 죽이려는 인간의 분노를 나타내고, 생존 지옥에서 아이 로봇은 푸른 요정을 찾는 여정을 떠난다.

〈A.I.〉에서 남성 섹스 로봇은 인간 여성을 위로하고 치유하는 반면, 인간 남성은 인간 여성을 폭행하고 살해한다. 남성 섹스 로봇인 지골로 조는 '여자박사'라는 별명이 있을 정도로 여성을 능숙하게 다루며 성적으로 만족시켜 주고, 고개를 옆으로 꺾으면 분위기에 맞는 음악이 흘러나오고 여성의 취향에 맞게 머리카락 색깔과 스타일을 자유자재로 바꾼다. 특이한 점은 인간이 섹스 로봇을 구매하여 자신의 소유로 하는 데 반해, 지골로 조는 프리랜서로서 독자적으로 일을 한다는 것이다. 지골로 조는 인간 남성에게 정신적, 육체적 상처를 입은 인간 여성을 정신적, 육체적으로 치유해준다. 반면에 인간 남성은 인간 여성을 살해한 후 지골로 조를 불러 지골로 조에게 누명을 씌워 함정에 빠뜨린다.

데이빗이 폐기처분된 수많은 AI로봇을 보고 놀라는 장면 ⓒ 네이버 포토

〈A.I.〉에서 플레시 페어(Fresh Fair)는 인간이 자신의 필요성에 의해 만든 AI를 증오하고 죽이는 잔인성을 강조한다. 데이빗은 평온

한 가정에서 버림받아 무법지 숲에 내던져진다. 폐기물과 고철 AI로 가득한 버려진 숲은 플레시 페어 사냥꾼으로 인해서 생존 지옥으로 바뀐다. 사냥꾼들은 최신 섹스 로봇인 지골로 조를 잡기 위해 열심히 추격한다.

사냥꾼들은 모두 죽이려고 AI를 사냥하는 과정에서 최신 섹스 로봇에 집착하면서 추격하는 이유는 남성의 자리를 위협하는 섹스 로봇에 대한 분노로 느껴진다. 유모 로봇은 죽기 전까지 아이 로봇인 데이빗의 불안을 잠재우기 위해 노래를 불러주는 장면은 마지막 순간까지 자기 의무를 다하는 모습으로 연민을 유발한다. 원래 인간 마틴의 장난감인 로봇 테디가 인간에게 끌려가면서 계속 데이빗을 찾는 모습은 인간/AI로봇의 관계와 AI로봇/AI로봇장난감의 관계를 대유법으로 그려낸다.

플레시 페어는 삶의 축제이다. 즉 플레시 페어는 신선한 살과 피로 이루어진 인간을 위한 삶의 축제이지만, 인공 지능과 기계로 이루어진 AI에게는 죽음의 학살 현장이다. 인간의 신선한 살과 피를 갖지 못하면서 인간의 자리를 위협하는 AI를 죽이는 축제이다. 데이빗은 특수 목적을 위해 제작된 귀한 로봇, 최상급 로봇으로서 특별한 존재이지만, 목적을 잃어버린 로봇이기 때문에 학살의 대상이 된다. 데이빗은 인간의 마음을 훔치기 위해 만든 앙증맞고 귀여운 인형 같은 로봇이기 때문에 사냥꾼에게는 살해의 대상이 되지만, "나를 녹이지 말아요. 난 피노키오가 아니예요. 전 데이빗예요."라는 호소를 통해

'로봇은 목숨을 구걸하지 않는다'는 관중의 생각으로 인해서 생존의 대상이 된다.

〈A.I.〉의 중반부 스타일은 멀어지는 카메라, 보름달 이미지의 반복을 통해 멀어지는 마음과 상처입은 마음, 기대감/두려움의 대비를 그려낸다. 숲에서 모니카가 데이빗을 유기하는 장면에서 풀숏, 롱숏, 익스트림롱숏으로 데이빗에게 멀어지는 카메라는 아들 마틴의 계략, 아버지 헨리의 폐기 계획, 엄마 모니카의 유기 실행으로 인해 버림받은 아이 로봇 데이빗의 절망을 표현한다. 보름달의 이미지는 사냥꾼 비행선의 이미지와 진짜 달의 이미지의 반복을 통해서 기대감/두려움을 대비시킨다.

푸른 요정: AI 로봇의 불가능한 소망과 외계인의 소망 충족

데이빗과 지골로 조가 루주 시티를 헤매는 장면 ⓒ 네이버 포토

<A.I.>는 푸른 요정을 통해 AI 로봇의 불가능한 소망과 외계인의 소망 충족을 그려낸다. 이 영화에서 아이 로봇은 특별하고 유일한 존재가 아니라는 사실에 분노하여 타살과 자살을 저지르지만, 외계인의 신기술로 엄마의 사랑을 받는 특별하고 유일한 존재가 되고 싶다는 소망을 이룬다.

<A.I.>에서 푸른 요정을 찾는 여정은 육체/정신의 전도와 불가능한 소망으로 인한 슬픔을 그려낸다. 『피노키오』의 푸른 요정을 찾는 데이빗의 여정은 『오즈의 마법사』에서 오즈의 마법사를 찾는 도로시의 여정과 닮아 있다. 『오즈의 마법사』에서 고향으로 돌아가고 싶은 도로시, 똑똑해지고 싶은 허수아비, 심장이 필요한 양철 나무꾼, 용기가 필요한 겁쟁이 사자는 오즈의 마법사를 만나서 소원을 이루고자 하지만, 마법사가 가짜로 밝혀지고 다른 방식으로 각자가 원하는 소망을 이룬다. 지골로 조는 푸른 요정이 여자라는 말에 자신이 여자를 잘 안다며 데이빗을 환락의 도시 루주 시티로 안내하고, '다 알아 박사'에게 적절한 주제를 제시하여 데이빗이 원하는 해답을 끌어낸다. 그는 섹스 로봇인 정체성을 뛰어넘어 육체/정신의 전도를 보여준다.

데이빗의 질문은 계속 바뀐다. 우선, 진실 주제에서는 "푸른 요정은 어디에 있나요?", "푸른 요정은 누구죠?"라는 질문을 던진다. 다음으로, 요정의 동화 주제에서는 "푸른 요정은 뭐죠?"라는 질문을 던진다. 마지막으로, 진실&동화 주제에서는 "푸른 요정이 어떻게

로봇을 진짜 사람으로 만들죠?”라는 질문을 던진다. 데이빗이 점점 질문을 구체적으로 하게 되자, 다 알아 박사는 기계가 유기체로 변하는 방법이 적혀 있는 하버 교수의 책을 소개하며 ‘사자가 우는 세상의 끝’으로 가라고 안내한다. ‘세상의 끝’은 바다에 잠긴 맨해튼이고, ‘사자가 우는 세상의 끝’은 맨해튼에서 하버 교수의 연구실이 있는 장소이다.

데이빗이 지골로 조와 함께 푸른 요정을 찾아 떠나는 장면 ⓒ 네이버 포토

재미있는 것은 하버 교수가 ‘데이빗이 자신의 연구실을 찾아오는 능력을 가졌다’고 기뻐하지만, 사실상 육체만이 강조되는 섹스 로봇 지골로 조의 도움이 중요했다는 사실이다. 지골로 조는 데이빗에게 계속 다음과 같이 충고한다. “푸른 요정이 인공 지능을 유혹하는 기

생충이라면? / 인공 지능은 미움받는 존재야. 엄마는 피와 살이 없는 너를 사랑할 수 없어. / 인간은 인공 지능을 너무 똑똑하게 너무 많이 만들었어. 인간이 죽어도 우리는 세상에 남아." 섹스 로봇 지골로 조는 AI 로봇의 권위자인 하버 교수를 뛰어넘어 인간과 AI의 관계에 대해 뛰어난 통찰력을 보여준다.

〈A.I.〉의 아이 로봇은 특별하고 유일한 존재가 되는 것이 불가능한 현실에서 타살과 자살을 모두 행한다. 데이빗은 하버 박사의 연구실에서 자신과 똑같은 아이 로봇 데이빗을 발견하고는 분노하여, "엄마는 내 거야. 난 하나뿐이야. 내가 데이빗이야. 난 누구보다 특별해. 엄마는 내 거라고."라고 말하면서 다른 데이빗을 부셔서 죽여 버린다. 증오는 사랑의 이면이다. 데이빗은 마틴이 인간 엄마 모니카의 인간 아들이기 때문에 그 자리를 뺏으려고 하지 않는 순수성을 보여주지만, 같은 아이 로봇에게는 절대 엄마의 자리를 나눌 수 없다는 분노를 보여준다. 이것은 순수성과 분노의 차이라기보다는 로봇에게 인간은 폭행하거나 죽이지 못하게 하는 설정 장치가 있기 때문이 아닐까?

데이빗은 자신이 엄마의 사랑을 받는 특별하고 유일한 아이 로봇이어야 한다. 하버 박사는 "넌 진짜 인간이야. 난 인간을 만든 거야. 난 푸른 요정인 셈이야."라며 데이빗의 소망을 충족시켜 줄 수 있다고 자신한다. 그는 죽은 아들 데이빗의 외양과 똑같은 모습으로 감정이 있는 아이 로봇 데이빗을 만든 것이다. 데이빗이 "제가 유일한

건가요?”라고 질문하자, 하버 박사는 “내 아들은 유일했고. 넌 내 새
로운 존재야.”라고 답변한다. 하버 박사는 “진짜 엄마와 아빠를 만나
볼래? 다들 널 보고 싶어해. 여기서 기다려라.”라고 말한다.

데이빗이 수많은 다른 데이빗 로봇들을 충격을 받는 장면 ⓒ 네이버 포토

하버 박사가 데이빗에게 관심을 기울이고 데이빗을 찾아나선 이
유는 자신에게 유일한 존재라서가 아니라 세계 최초로 만든 감정 로
봇이기 때문이다. 진짜 엄마와 아빠는 데이빗을 함께 만든 과학자들
일 것이다. 데이빗은 하버 박사에게 ‘유일한 존재’가 아니라 무수한
만든 아이 로봇 데이빗들 중에서 성공한 ‘새로운 존재’인 것이다. 하
버 박사는 데이빗이 꿈이 있고 논리적 결론을 내리고 꿈을 향해 나
아가는 것이 대단한 장점이라고 칭찬한다. 하지만 그 칭찬은 결국
하버 박사 자신의 연구 성과에 대한 칭찬인 셈이다.

데이빗은 자신이 유일한 존재가 아니라는 것을 알게 된 후 타살과 자살을 모두 행한다. 데이빗은 처음에는 자신과 똑같이 생긴 아이 로봇 데이빗을 보고는 부셔서 죽여버리는 타살을 행하고, 나중에는 무수히 많은 아이 로봇 데이빗들을 보고는 스스로 물에 빠지는 자살을 행한다. 데이빗은 '유일한 특별한 존재'가 아니라는 사실을 알고, 엄마의 사랑을 받을 수 있는 유일한 아이 로봇이 불가능하다는 사실을 깨닫고 자살한다.

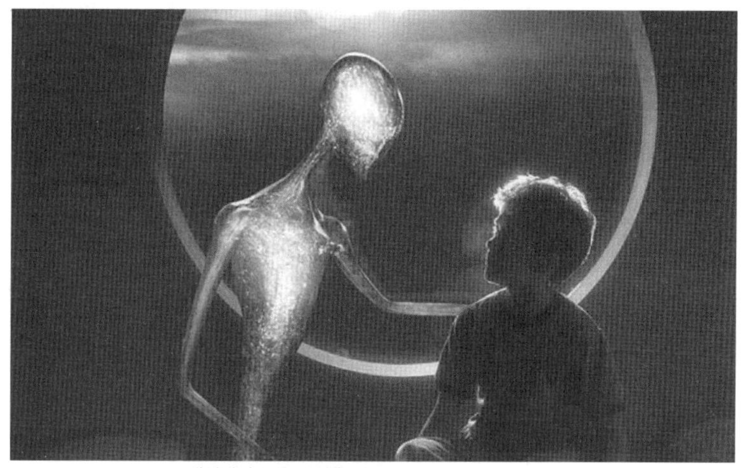
데이빗이 푸른 요정을 만나는 장면 ⓒ 네이버 포토

〈A.I.〉의 푸른 요정은 엄마의 사랑을 받고 싶다는 데이빗의 소망을 이뤄준 외계인과 테디이다. 데이빗은 하버 박사 자신이 푸른 요정이라고 한 말을 믿지 않고, 바다에 잠겨 있는 푸른 요정 동상에게 '인간이 되게 해달라'는 소원을 빈다. 하버 박사가 데이빗이 특별하다는 말은 특별한 로봇이라는 것이고 자신과 똑같은 데이빗들이 많기 때문에 그 특별하다는 말이 데이빗에게는 의미가 없다. 결국 데이빗은 2천 년이 지나 지구의 생명체 존재가 모두 없어져 유일한 존재가 되고, 외계인의 기술로 엄마를 재생해서 엄마의 유일한 아이가 된다는 점에서 소원을 성취한다.

데이빗이 외계인에게 엄마를 만나고 싶다는 소원을 말하는 장면 ⓒ 네이버 포토

외계인은 테디가 간직하고 있던 머리카락으로 데이빗의 엄마 모니카를 재생한다. 마틴은 데이빗을 위험한 존재로 인식시키기 위해서 가위를 들고 엄마의 머리카락을 자르게 해서 헨리의 경계심을 불러일으킨다. 하지만, 데이빗은 잘린 머리카락으로 엄마를 재생해 결국 엄마의 유일한 아이로 사랑받는다는 점에서 상황의 아이러니를

보여준다. 지구에 모든 생명체가 사라진 상태에서 AI 로봇 데이빗은 지구의 기억을 저장하고 있는 유일하고 특별한 존재가 된다.

〈A.I.〉에서 데이빗이 두 가지 소원은 인간이 되게 해달라는 것과 엄마의 사랑을 받게 해달라는 것이다. 데이빗이 인간이 되기를 원한 것은 인간 아들 마틴처럼 엄마의 사랑을 얻기 위해서이기 때문에, 데이빗의 진정한 소원은 인간이 되는 것이 아니라 엄마의 사랑을 받는 것이다. 데이빗은 인간은 되지 못했지만 헨리도 마틴도 없는 집에서 엄마의 사랑을 받는 유일한 존재라는 점에서 소원을 이루게 된다.

데이빗이 잠이 든 엄마 모니카 옆에서 영원히 잠이 드는 장면 ⓒ 네이버 포토

'유일한 존재'는 세상에서 유일한, 단 하나의 존재가 되는 것이 아니라, 엄마의 사랑을 받는 유일한 존재가 되는 것이다. '유일한'은 존재가 아니라 사랑의 의미이다. "헨리도, 마틴도 없었다. 슬픔도 없

었다. 오직 데이빗만 있었다." 재생된 엄마 모니카가 살 수 있는 1일이 끝나 모니카가 깊은 잠 즉 죽는 순간 데이빗도 엄마 옆에서 처음으로 잠을 청하게 된다. "꿈이 있는 곳으로 마침내 떠난 것이다."는 말은 하버 박사의 제조에 의해 탄생한 AI 로봇 데이빗이 엄마의 사랑을 받아 유일한 존재가 된 날에 스스로 생명을 마감한 것을 의미한다. 데이빗은 처음은 공장에서 제작되어 타의에 의해 생산되지만, 마지막은 스스로 삶을 마감하는 결정을 내린다는 점에서 특별한 존재가 된다.

〈A.I.〉의 후반부 스타일은 카메라의 방향 전환, 더블링, 숏 크기의 강조, 오버더숄더숏, 멀어지는 카메라를 통해 기대감과 놀람, 불가능한 소원, 기대감, 감동, 감정의 교감과 행복을 표현한다. 데이빗이 다른 데이빗 로봇과 결합하는 장면에서, 뒤에서 앞으로 돌면서 다가가는 카메라는 두 로봇의 동질성으로 인해 놀라게 된다. 바다 밑에서 데이빗이 푸른 요정 동상에게 "저를 인간으로 만들어 주세요"라는 소원을 비는 장면에서, 클로즈업에서 익스트림롱숏으로 점점 멀어지는 카메라는 불가능한 소원에 대한 안타까움을 표현한다.

데이빗이 밝은 빛에 눈을 뜨는 장면에서, 데이빗의 푸른 눈의 익스트림클로즈업은 엄마를 만날 수 있다는 기대감을 표현한다. 데이빗이 침대에 누워 있는 엄마를 발견하는 장면에서, 눈물을 흘리는 데이빗의 얼굴 클로즈업은 데이빗의 감동을 강조한다. 재생된 엄마가 깊은 잠에 빠져드는 장면에서 엄마와 데이빗의 오버더숄더숏과 바스트숏은 데이빗의 행복과 안타까움을 함께 표현한다. 이때 나란히 잠든 데이빗과 엄마를 지켜보는 카메라는 미디엄숏, 풀숏, 익스트림롱숏으로 두 사람에게 점점 멀어지면서 두 사람의 삶 혹은 죽음을 조용히 지켜보는 시선을 표현한다.

AI 로봇: 인간보다 더 인간적인

데이빗이 행복하게 미소를 짓는 장면 ⓒ 네이버 포토

영화 〈A.I.〉는 인간보다 더 인간적인 AI 로봇을 그려낸다. 이 영화에서 아이 로봇은 인간이 되는 것과 엄마의 사랑을 받는 것을 소원하고, 인간/로봇의 유한성/무한성을 대비시키며 AI 로봇의 순수성을 강조한다. 〈A.I.〉에서 아이 로봇은 감정이 득이 되면서 동시에 독이 된다는 점에서 아이러니한 존재이다. 세계 최초로 감정을 가진 아이 로봇 데이빗은 계속 엄마의 사랑을 갈구하고, 불치병에 걸린 인간 아들 마틴이 냉동상태일 때는 아들의 대체물로서 사랑을 받았음에도 불구하고 아들의 귀환으로 버려지고, 하버 교수의 아들을 본뜬 로봇들 중 하나이며 유일한 존재가 아니라는 사실이 밝혀진다. 아이 로봇은 각인 매뉴얼대로 정한 인간 엄마를 사랑하게 된다는 점에서 그 감정은 진짜인가 아니면 가짜인가?

〈A.I.〉는 AI 로봇에 대한 윤리적 문제를 제기한다. 영화의 초반부에 하버 교수는 사랑을 할 수 있는 아동 로봇, 끊임없이 사랑할 수 있는 아이 로봇, 아이의 대체가 되고 비유 능력, 직관적 능력, 추론 능력, 꿈꾸는 능력을 갖춘 아이 로봇의 제작 계획을 밝힌다. 이때 한 흑인 여성은 "인간을 사랑할 수 있는 로봇이 있어도 인간이 로봇을 사랑할 수 있는지?", "로봇이 인간을 순수하게 사랑한다면 인간은 어떤 책임을 지는가?"라는 윤리적 문제를 제기한다. 이러한 윤리적 문제 제기는 감정을 가진 아이 로봇 데이빗이 2천 년 동안 엄마의 사랑을 갈구하는 모습을 보여줌으로써 타당한 것으로 밝혀진다. 하버 교수는 로봇이 할 수 없는 마지막 영역이 사랑을 포함한 감정의 영역이라는 점에서 자신이 향후 만들 아이 로봇의 의미를 부여한다. 이 영화는 하버 교수의 긍정적인 의미 부여가 무색할 정도로 아이 AI 로봇인 데이빗의 인간적인 모습, 엄마에 대한 맹목적인 사랑으로 인해서 로봇이 인간을 사랑하게 프로그래밍한 것에 대해서 비판하게 만든다. 영화 초반부에 나오는 문제 제기가 사실상 영화 전체를 관통한다.

〈A.I.〉에서 동화책을 읽어주는 장면과 숨바꼭질 장면은 반복을 통해서 교감과 상승의 의미를 담아낸다. 모니카가 아이에게 동화책을 읽어주는 장면은 계속 반복된다. 처음에는 불치병에 걸려 냉동된 아들 마틴에게 동화책을 읽어주고, 나중에는 AI 로봇인 데이빗에게 동화책을 읽어주고, 마지막에는 데이빗 앞에서 마틴에게 동화책을 읽어준다. 이 동화책은 피노키오가 인간이 되는 내용이 나와서 데이빗에게 소망을 불러일으킨다. 동화책은 엄마와 아이 사이에 존재하는 교감의 시간이라는 점에서 데이빗이 엄마와 함께 하고 싶은 시간이다.

숨바꼭질도 계속 반복되면서 감금, 불편함, 놀이(혼자), 유기/재회, 놀이(함께)의 순서로 바뀌면서 상승의 곡선을 그려낸다. 첫째, 모니카가 자신을 계속 따라다니는 데이빗을 옷장에 가두고는 숨바꼭질로 위장한다. 둘째, 데이빗이 화장실 문을 열고 모니카를 찾았다고 말해서 모니카가 인간/로봇의 차이로 불편함을 느끼게 만든다. 셋째, 데이빗이 모니카와 실제로 숨바꼭질을 하면서 인간 아들의 대체적 존재가 되는 순간이다. 넷째, 모니카가 데이빗을 숲에 유기하고, 데이빗이 2천 년 후 복원된 엄마 모니카를 보고 "찾았다"라고 말하면서, 유기를 숨바꼭질 놀이로 변환시킨다. 다섯째, 데이빗과 모니카가 함께 옷장에 숨어 있다가 테디를 상대로 놀래키는 놀이를 하면서 유대감을 느낀다.

〈A.I.〉는 인간보다 AI 로봇에게 감정이입을 한다. 우리 인간이 아니라 AI 로봇에게 감정이입을 하는 이유는 무엇인가? 인간 자신이 만든 생산품 AI를 비인간적으로 다룰 미래 사회를 경계하는 것인가? 미래 사회의 기술 발달로 AI가 활성화되는 시대에 대한 불안감을 잠재우기 위한 것인가? 인간이 발생시킨 미래 사회의 폐해를 경고하는 것인가? 영화를 개봉할 당시에는 이러한 주제가 먼 훗날의 이야기였지만, 지금 AI가 발달하여 생활에서 상용화되는 현실이 도래했기 때문에 이러한 주제는 중요한 의미를 띤다.

이 영화에서 인간 아이 마틴은 여러 가지 계략으로 로봇 아이 데이빗을 함정에 빠뜨리고, 인간 남성은 로봇 남성 지골로 조에게 살인 누명을 씌워 섹스 로봇 지골로 조를 함정에 빠뜨린다. 이러한 설정은 AI 로봇이 인간보다 더 인간적인 존재, 순수한 존재임을 강조한다. 2천 년 후 다른 AI 로봇은 없고 아이 로봇 데이빗과 장난감 로봇 테디만 남은 이유는 무엇인가? 로봇이기 때문에 영원하다면 다른 로봇도 남아야 하는데 지구상에 데이빗과 테디만 남은 이유는 무엇인가? 이 영화는 끝까지 풀리지 않는 의문을 제기함으로써 관객에게 문제를 던진다.

〈A.I.〉에서 더블링이 반복되면서 의미를 강조한다. 더블링은 보름달, 세로무늬창, 사진액자 유리에 비친 데이빗 얼굴을 반복함으로써 반복/변주를 통한 의미의 전복, 불편함/기대감의 대비, 타살(분노)/자살(절망)을 표현한다. 보름달의 이미지는 세 번 반복되면서 죽음, 두려움, 유한성을 표현한다. 보름달은 처음에 아름다운 달이 사실상 로봇 사냥꾼이라는 사실이 밝혀지면서 죽음의 공포가 되고, 나중에 진짜 달을 보고도 로봇 사냥꾼을 연상시키며 두려움의 대상이 되고, 마지막에 재생된 엄마와 함께 하는 1일이라는 유한한 시간이면서 동시에 평생이라는 무한한 행복을 나타낸다.

세로무늬 유리창의 반복은 불편함에서 기대감으로의 변화를 보여준다. 전반부에 세로무늬 유리창은 아이 로봇 데이빗(좌측)과 데이빗을 쳐다보는 모니카(우측)를 보여주면서 아이 로봇에게 느끼는 불편함, 거부감, 낯섦을 표현한다. 후반부에 세로무늬 유리창은 집을 나타내는 특징으로 집에 돌아왔고 엄마를 볼 수 있다는 기대감을 표현한다. 사진 액자 유리에 비친 데이빗의 얼굴은 반복을 통해 인간/로봇의 차이, 인간/복제품의 유사성을 표현한다. 처음에는 모니카-헨리의 인간 아들 마틴의 얼굴과 아이 로봇 데이빗의 얼굴을 겹치는 이미지는 인간/로봇의 차이를 강조해서 인간이 될 수 없는 슬픔을 표현하고, 나중에는 하버 박사의 인간 아들 데이빗과 아이 로봇 데이빗의 얼굴을 겹치는 이미지는 인간/복제품의 유사성을 강조해서 유일한 존재가 될 수 없는 절망감을 표현한다. 아이 로봇 데이빗이 후자에 절망해서 자살하는 것은 인간이 될 수 없다는 사실보다 유일한 존재가 될 수 없다는 사실에 대한 절망인 것이다.

※ 이 글은 《르몽드 디플로마티크》 2025년 5월 5일에 수록되었던 「〈A.I.〉 – AI/인간의 순수성/계략의 전도와 유토피아/디스토피아의 경계」(서곡숙)을 수정·보완한 것입니다.

2장
AI의 기억, SF영화는 어떻게 휴머니즘을 말하는가?

| 김소영 |

바야흐로 비인간 존재의 시대가 도래했다. 인간과 세계만을 향하던 철학적 성찰의 시대는 막을 내리고, 인간을 둘러싼 비인간 존재들과 인간/비인간 존재가 함께 거주하는, 이른바 '공거(cohabitation)'의 시대가 온 것이다. 기술의 발달은 인공지능을 비롯한 비인간 존재를 탄생시켰지만, 기실 이 세계 아니 이 지구는 애초부터 인간과 비인간이 공존하는 장소였다. 생태계의 파괴로 인한 기후 온난화, COVID-19, 해수면의 상승, 동식물 멸종 등이 가시화되기 전까지 그것을 인식하지 못한 채, 인간은 세계의 주인공으로 군림해 온 것이다.

주지하듯 많은 SF영화가 이러한 시대를 예측하였다. 명작으로 꼽히는 SF영화 중, 드니 빌뇌브(Denis Villeneuve) 감독의 〈블레이드 러너 2049(Blade Runner 2049)〉(2017)에서 재현한 그 2049년도 이제 얼마 남지 않았다. 미래학자들이 특이점의 시대를 앞당기는 것을 보면, 영화 속 가상세계가 곧 현실이 될 수 있음을 부인하기 힘들다. 비교적 최근 개봉한 SF영화 중, 〈애프터 양(After Yang)〉(2021)과 〈프리 가이(Free Guy)〉(2021)는 대단히 다른 서사 구조와 촬영 방식을 활용하지만, 특정한 공통점이 발견된다. 예술성과 상업성이라는 다른 층위의 성취를 지향하면서도 유사한 사유가 내재되어 있다는 사실이 흥미롭다. 과연 두 영화에 등장하는 비인간 존재가 인간 존재에게 전하는 메시지는 무엇인가?

〈애프터 양〉, 평범한 일상 속 비인간 존재 '양'

영화 〈애프터 양〉은 〈콜럼버스(Columbus)〉(2017)로 데뷔한 한국계 미국인 코고나다(kogonada) 감독의 SF영화이다. 비디오 에세이스트로 활동했던 학구적 향취가 미장센에 가득 배인 〈애프터 양〉은 평범한 가정에서 벌어지는 일상 속 안드로이드의 존재론적 정체성을 다룬다. 감독의 국적 정체성에서 짐작할 수 있듯, 그는 다양한 나라와 인종의 인물들을 한 가족의 구성원으로 소환한다. 백인 아버지 제이크(콜린 패럴 분), 흑인 어머니 카이라(조디 터너스미스 분), 중국계 입양아 딸 미카(말레이 엠마 찬드로위자야 분)로 이루어진 다문화 가정에, 비인간 존재인 중국 제조품 안드로이드가 합류한다.

이외에도 영화 속 등장인물은 여러 국적을 가진 사람들이 출연한다. 그들이 살아가는 곳은 더 이상 태어난 국가나 타고난 인종이 동일 집단을 형성하는 요인이 될 수 없다. 비인간 존재인 안드로이드를 가족의 구성원으로 설정한 것은 1인 가족이나 동물과 함께 살아가는 신가족제도가 어떻게 확장될지를 예견케 한다. 댄스 경연대회에 출연한 가족의 다양성이 그러한 양상을 명확히 보여준다. 이처럼 〈애프터 양〉은 가족이라는 소집단을 중심으로 인종에 의해 구분되는 인간 존재의 경계뿐 아니라, 인간과 비인간 존재의 경계를 모두 허문다.

영화 〈애프터 양〉의 스틸 컷, 다양한 가족 구성원 @ 네이버 영화 포토

〈애프터 양〉이 SF영화로서 갖는 매력은 무궁무진하지만, 제목에서 명시한 '애프터'라는 시간 개념에 주목할 필요가 있다. 영화에서 양이 현실세계에 존재하는 시간은 서두의 댄스 경연대회와 그 이후

잠시뿐이다. 고장 나버린 다음에는 양의 기억 장치를 통해서만 그의 과거 모습을 볼 수 있다. 마치 우주의 별들이나 원자들처럼 재현된 기억 장치의 출입 지점을 통과하면, 양은 무엇을 바라보았으며 무엇을 기억하기 원했는지를 볼 수 있다. 그의 기억은 영화 속 등장인물뿐 아니라 관객 역시도 양의 시선을 경유하면서 관찰하게 된다. 이처럼 영화의 많은 분량을 차지하는 기억의 장면들은 과거의 시간이며, 동시에 그것을 관찰하는 현재의 시간이다.

〈애프터 양〉이 여타의 SF영화와 다른 점은 비인간 존재를 통해 인간다움의 궁극을 말한다는 것이다. 인간이란 무엇인가에 관한 답을 안드로이드 양을 통해 깨닫게 하기 때문이다. 대부분의 SF영화 속 기술적 타자들은 인간이 되기 위해 안간힘을 쓴다. 그들은 대부분 인간의 욕망을 쫓으려 하고, 인간처럼 종을 번식하길 원한다. 그러나 양은 이들과 다르다. 그는 한 가족의 구성원으로서 자신의 책임에 최선을 다한다. 고장 난 이후에도 양은 쓸모없는 도구로 버려지는 것이 아니라, 기억 장치에 남겨진 기억의 이미지를 통해 가족들에게 재존재화된다.

〈프리 가이〉, 게임의 가상세계 속 비인간 존재 '가이'

영화 〈프리 가이〉는 숀 레비(Shawn Levy) 감독의 작품으로, 오픈 월드 게임 '프리 시티'의 NPC로 등장하는 '가이'의 영웅적 서사를 그린다. 오픈 월드 게임은 플레이어 캐릭터의 자유도가 높은 게임이지만, 이는 당연히 NPC에는 해당하지 않는다. 'non player character'를 의미하는 NPC는 프로그래밍된 대로만 움직이며, 같은 대사와 같은 행동을 반복하며 플레이어 캐릭터의 역동적 수행을 돕는다.

영화 〈프리 가이〉의 스틸 컷, 인간과 비인간의 감정적 교류 @ 네이버 영화 포토

NPC는 인간 플레이어가 조작하는 플레이어 캐릭터와 달리, 게임 내 프로그래밍된 인공지능이 조작하는 캐릭터이다. 가상세계인 게임 속 캐릭터의 이러한 대비 이외에, 영화 속 현실세계에도 대조적인 인물들이 등장한다. 거대 게임 회사인 '수나미(Soonami)'의 수장 앤트완은 자본주의가 낳은 전형적인 물질만능주의자를 대변한다. 반면 이 게임의 원천 소스를 개발한 키스와 밀리는 그들이 꿈꾸

 1부 인간을 재현하는 기계, 인간을 상상하는 영화

는 새로운 세계를 게임의 가상공간을 빌려 설계하고, 인공지능의 자가-생성을 통해 진화하는 게임 캐릭터를 창조한다. 그들이 만든 가이는 NPC의 능력을 뛰어넘어 밀리의 게임 속 캐릭터를 도와 앤트완의 만행을 폭로하게 해주며, 다른 NPC의 자유를 찾아주는 영웅의 임무를 완수한다.

기술적 타자의 확장된 존재론적 위상

양은 분명 재활용되거나 더 이상 사용하지 못하는 기계이지만, 인간보다 더 인간다운 면모를 보여준다. 미카의 아버지인 제이크의 역할을 대신하는가 하면, 양의 본래 용도답게 부모보다 더욱 친밀하고 현명하게 미카의 정체성을 확립하게 해주는 인격적 타자로 등장한다. 때로는 미카가 입양아로서 겪는 혼돈을 이해시키기 위해 나무의 접목이 갖는 여러 의미를 설명해 주기도 한다. 미카에게 양은 단순히 기술적 타자가 아닌 것이다. 인종, 국적, 부모에 대한 혼란을 수용하며 성장해 갈 수 있도록 안내하는 인도자와 다를 바 없다.

양이 고장 난 후, 즉 'AFTER 양'의 시간을 보내는 가족들은 각자의 방식으로 양을 추억한다. 미카야말로 친남매처럼 지내온 사이였기에, 양의 부재는 적지 않은 상실감을 안겨준다. 그러나 양의 부재로 인해 가장 크게 변화한 것은 아버지라는 역할 정체성을 되찾는 제이크이다. 양이 존재한 과거의 시간에서 양은 제이크의 역할을 대신 수행한 것이다. 이는 그가 분명한 가족 구성원이었음을 말해준다. 그렇기에 영화 속 인간 존재는 비인간 존재인 양을 애도하며 이별하는 시간이 필요했던 것이다. 그리고 그 시간은 양의 기억을 통해서 지연된다.

한편 가이는 현실세계의 게임 개발자인 밀리와 키스에게 창작의 자유를, 그리고 가상세계의 NPC에게는 선택의 자유를 선사하는 영웅이다. 창작과 선택은 한 존재자를 존재하게 만드는 중요한 행위임에 분명하다. 가이가 이러한 영웅적 행위를 할 수 있었던 이유는 그역시 다른 인간/비인간 존재와 얽혀있기 때문이다. 때로는 밀리로부터 사랑을, 때로는 버디로부터 우정을 교류하며 자신의 존재론적 정체성을 확인했던 것이다.

영화 〈애프터 양〉의 스틸 컷, 미카에게 '접목'을 설명하는 양 @ 네이버 영화 포토

이처럼 현실세계건 가상세계건 양과 가이는 자신뿐 아니라 모든 존재자의 관계를 회복시키는 존재론적 확장을 보여준다. 인간이 그러하듯, 이들 역시 타자와의 관계를 통해 스스로가 존재화된다. 미카의 정체성을 설득하는 장면은 마치 양 자신의 정체성을 확인하려는 것과 다르지 않으며, 밀리에게 사랑을 느끼는 가이의 모습은 이전의 자신과 다른 삶을 살아가게 만드는 원동력이기 때문이다.

기억하며 자가—생성하는 비인간 존재

두 영화는 SF라는 동일 장르에도 불구하고, 일상의 현실공간과 게임의 가상공간이라는 상반된 배경을 보여주며 각각 예술성과 상업성을 성취한다. 그러나 이러한 대비 가운데, 주인공 안드로이드와 NPC의 공통점이 존재한다. 그것은 비인간 존재의 정체성을 다룬 많은 SF영화가 주목했던 공통의 그 지점, 바로 '기억'이다. 기억은 인간만이 지닌 능력이다. 그럼에도 두 영화 역시 비인간 존재가 기억이라는 능력을 소유할 수 있음을 보여준다. 그들이 기억을 가진 유기체적 존재가 될 수 있음을 증명하는 수단은 비인간 존재의 자가-생성(auto-generation) 능력이다.

안드로이드 양은 가족 댄스 경연대회에서 고장이 나고, 이후 수리 과정에서 기억 장치가 발견된다. 그런데 그곳에는 알파, 베타, 감마라는 세 층위의 기억들이 저장되어 있다. 중요한 사실은 그 기억들이 연결되어 있다는 점이다. 안드로이드는 재활용될 때마다 새로운 존재로 살아감에도 불구하고, 이전의 기억을 저장하는 유기체적 존재였다. 한편 NPC로 프로그래밍된 가이도 인공지능을 통해 자가-생성하고 있었으며, 그렇기에 재부팅된 후에도 이전의 기억을 다시 소환할 수 있었던 것이다.

또한 두 작품은 현재로부터 미래를 향한 영화적 시간을 확장해 나간다. 양과 가이의 미래 역시 열려 있다. 양의 육체는 더 이상 쓸모가 없어졌지만, 그가 남긴 기억은 마치 우주의 은하수처럼 재현된 이미지로 가족에게 머물러 있다. 탈육화되어 이미지화된 양의 기억은 고장 나기 전과 마찬가지로 제이크, 카이라, 미카와 공존하며 온전한 가족으로 엮어주는 역할을 한다. 가이 역시 마찬가지이다. 가상세계 속 다른 NPC와 함께 새로운 그들의 세계를 구축하여 살아갈 것을 암시하기 때문이다.

이처럼 영화적 시공간은 그 작품의 서사를 진행하는 데 지대한 영향을 미친다. 특히 〈애프터 양〉에서의 시간은 양의 기억을 통해 과거와 현재가 교차되며, 〈프리 가이〉에서는 밀리와 그녀의 게임 캐릭터를 통해 현실세계와 가상세계가 연결된다. 그러한 시공간 속에서 인간과 비인간의 경계조차 흐려진다. 과거와 현재, 그리고 현실세계와 가상세계가 분리된 것이 아니듯, 모든 존재자도 두 편의 영화적 시공간에서 긴밀하게 연결되어 상호 교감한다.

영화 〈프리 가이〉의 스틸 컷, 가상세계 속 유기체적 비인간 존재 가이
@ 네이버 영화 포토

기억, 존재자를 존재하게 하는 것

기억이란 무엇인가? 기실 기억은 철학이나 심리학으로 접근하기에도 무척 난해한 주제이다. 흔히 기억은 과거에 관한 것으로 여기기 쉽다. 그러나 기억은 과거이자 현재이며, 현재이자 미래이기도 하다. 기억은 지속적 시간이기 때문이다. 내가 무엇을 기억하는 것은 과거의 일이지만, 그 기억을 소환하는 시점은 현재이다. 그리고 그 현재에서 불러낸 과거의 기억은 다시 현재에서 미래로 이어진다. 그렇기에 인간이 지금-여기에 존재한다는 사실은 기억한다는 사실과 같다고 할 수 있다.

〈애프터 양〉과 〈프리 가이〉의 두 비인간 존재 역시 기억을 통해 유기체적 존재로 재존재화된다. 여기서 나아가 자가-생성하는 유기체적 존재로 매개하는 기억은 그들을 nobody에서 somebody로 만든다. 안드로이드 양이 미카의 성장에 도움을 주는 도구적 존재에서 가족을 사랑하는 기억을 간직한 인격적 존재가 된다면, NPC 가이는 연인을 향한 기억을 통해 플레이어 캐릭터보다 더 영웅적인 존재로 위치한다. 재활용되는 안드로이드 양과 재부팅된 NPC 가이는 프로그래밍된 코드를 스스로 진화시키며 고유한 기억을 간직한 존재자가 된 것이다.

영화 〈애프터 양〉의 스틸 컷, 기억 속 양의 모습 ⓒ네이버 영화 포토

영화 〈프리 가이〉의 스틸 컷, 비인간 존재들의 우정 ⓒ네이버 영화 포토

기억의 또 다른 이름, 사랑

놓치지 말아야 할 점은 비인간 존재인 양과 가이의 기억들은 모두 인간을 향해 있다는 사실이다. 안드로이드 양은 에이미라는 안드로이드와 미카에 대한 애정을, NPC 가이는 플레이어인 밀리에 대한 사랑을 각자의 기억으로 소환한다. 결국 두 영화는 비인간 존재의 유기체적 능력을 통해 휴머니즘의 아름다움을 전한다. 사랑이라는 기억을 통해 말이다. 사물이 사람이 되기 위해 진정으로 필요한 것은 바로 사랑이었던 것이다. 이러한 공식이 성립한다면, 인간이야말로 진정한 인간으로 살아가게 하는 것 역시 사랑이 아니겠는가? "인간은 서로 사랑하고 사랑받도록 운명 지어진 존재"라는 앙리 베르그손(Henri Bergson)의 따스한 천명을, 아이러니하게도 영화 속 비인간 존재들이 우리 인간에게 말하고 있다. '기억은 바로 사랑이라고'.

※ 이 글은 《르몽드 디플로마티크》 2025년 4월 14일에 수록되었던 「SF영화는 어떻게 휴머니즘을 말하는가?」(김소영)를 수정·보완한 것입니다.

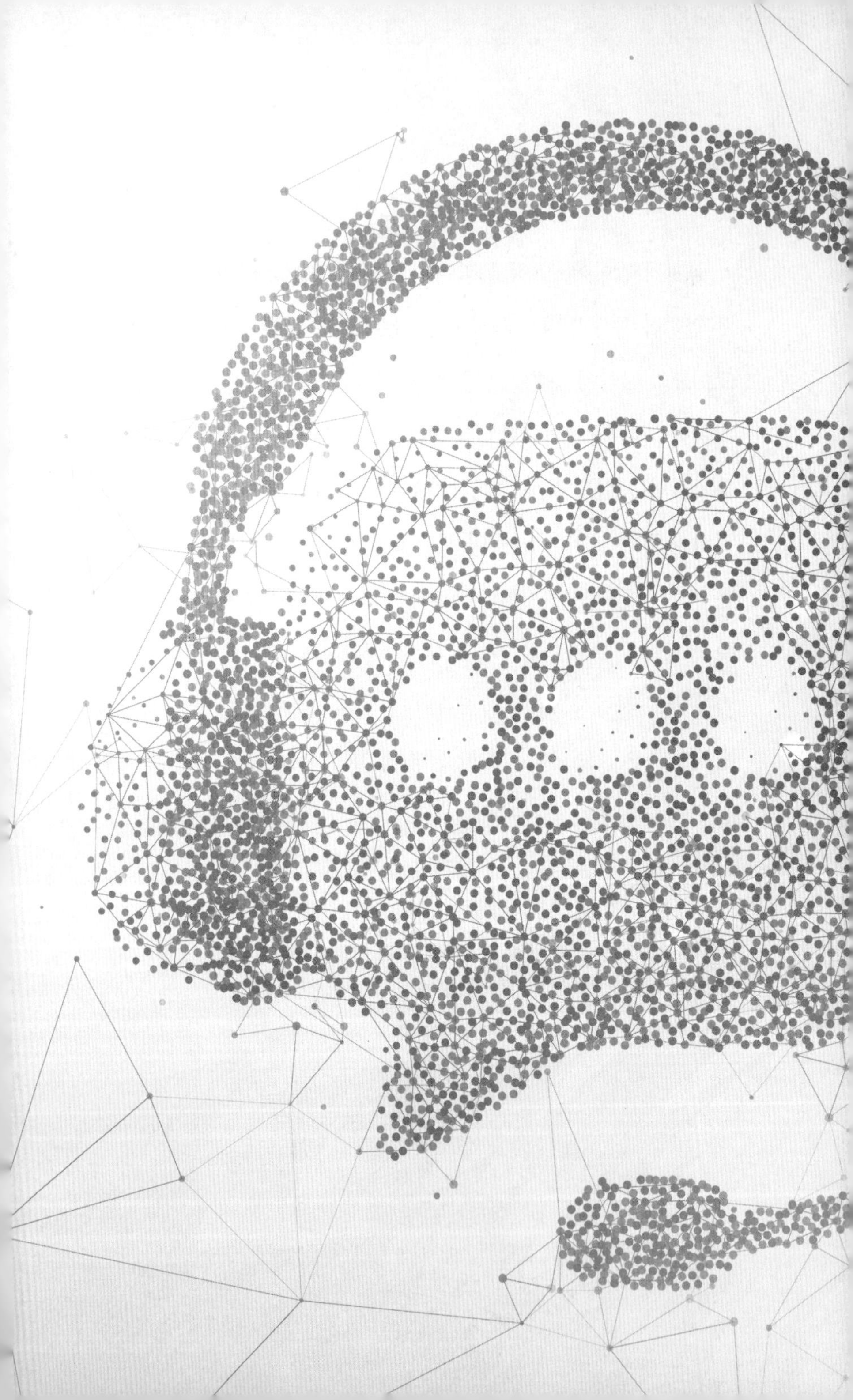

2부
감정 노동과 대중문화의 알고리즘

3장
인간 없는 스타의 시대: AI와 K-POP

| 이지혜 |

4장
AI와 감정노동의 재편

| 김세연 |

5장
AI 시대의 그림책, 공공선을 그리다

| 한기현 |

3장
인간 없는 스타의 시대: AI와 K-POP

| 이지혜 |

"너희는 실존하지 않지만, 우리는 진심이야."

MAVE:의 유튜브 뮤직비디오에 달린 한 팬의 댓글이다. 이 '존재하지 않는 존재'는 버추얼 K-POP 아이돌 그룹 MAVE:를 가리킨다.

걸그룹 MAVE: 〈Pandora〉 뮤직비디오 갈무리 ⓒ메타버스 엔터테인먼트

2023년 데뷔한 MAVE:는 네 명의 멤버로 구성된 AI 기반의 아이돌이다. 얼굴은 언리얼 엔진 기반의 3D 그래픽으로 구현되었고, 목소리는 TTS 기반 음성 합성 AI로 만들어졌다. 이들은 사람처럼 노래하고, 춤추고, SNS를 통해 팬과 소통한다. 이 모든 행위가 사실상 '존재하지 않는 존재'에 의해 수행된다.

그러나 그들은 존재하지 않는가? 아니다. 우리는 지금 분명히 이 존재들과 소통하고, 응답하고, 심지어 애정을 느낀다. 존재하지 않는다고 말하면서도 팬들은 이들에게 편지를 보내고, 댓글을 달고, 영상을 편집해 올린다. 그들은 실존하지 않지만, 분명한 감정의 대상이다. 이 기이한 관계는 K-POP이 도달한 한 경지를 보여준다. 스타란 누구인가? 우리는 누구를 사랑하고 있는가?

스타란 무엇인가? 존재하지 않는 존재를 사랑한다는 것

2023년 1월, K-POP 씬에 낯선 존재들이 데뷔했다. 4인조 걸그룹 MAVE:는 넷마블의 자회사 메타버스 엔터테인먼트와 카카오엔터테인먼트가 공동 기획한 AI 기반 아이돌이다. 이들은 실제의 멤버가 존재하지 않는다. 인간이 아니라는 뜻이다. 얼굴은 3D로 구현되었고, 음성은 AI 보이스합성 기술, 동작은 모션캡처를 기반으로 제작되었다. 발표된 데뷔곡 〈Pandora〉의 뮤직비디오는 화면 구도, 조명, 카메라 무빙, 표정 연기까지 실제 아이돌 그룹과 거의 구별되지 않을 만큼 정밀하게 합성되어 있다. 고화질 실사 렌더링과 리얼타임 모션캡처 기술이 결합되면서, 시청자는 그것이 '기계가 만든 무대'라는 사실을 인지하지 못한 채 감각적으로 수용하게 된다. 실제로 이들의 뮤직비디오는 유튜브 등지에서 수백만 조회수를 기록했다. 엠넷의 〈엠카운트다운〉 무대에도 가상으로 출연했고, 팬 커뮤니티에는 멤버별 MBTI를 추정하며 서사를 부여하는 '팬'들이 등장했다. 시청자는 처음엔 낯섦을 느끼지만, 곧 그것이 가상이라는 사실을 잊고 몰입하게 되는 듯 보인다. 팬들은 화면 속 인물이 '존재하지 않는'다는 사실보다, 그들이 '스타처럼 보인다'는 사실에 더 반응한다.

이처럼 'AI 아이돌'의 등장은 기술 진보나 기획 포맷의 통상적 변화로만 보아 넘기이는 곧 "우리는 누구를 사랑하는가", 더 근본적으로는 "사랑받는 존재는 누구인가"라는 물음으로 이어진다.

인간의 모습과 목소리를 정교하게 흉내 내는 존재가 팬덤을 형성할 수 있다면, 스타란 실존하는 존재를 뜻하지 않아도 되는 것일지도 모른다. 최근 몇 년간 인플루언서 마케팅이 버추얼 휴먼(virtual human) 영역으로 확장된 것처럼, 감정이입과 애착의 대상은 점차 실재 여부와 무관해지고 있다. AI 기술은 이제 외모와 목소리뿐 아니라, 안무와 영상까지 창작의 전면에 나서고 있기 때문이다. 실제로 AI는 이미 목소리와 외모뿐 아니라 안무와 뮤직비디오의 창작까지 진입하고 있다. SM엔터테인먼트는 2021년부터 AI를 활용한 스타일 학습, 안무 추천 알고리즘을 테스트하고 있으며, 일부 안무 디렉터들은 DeepMotion, Move.AI 등과 같은 툴을 통해 AI 시뮬레이션 데이터를 연구 자료로 활용하고 있다. 팬들은 이 과정을 통해 완성된 무대에 열광하며, 몰입의 방식은 점점 더 '누가 만들었는가'보다는 '어떻게 체험되는가'에 가까워지고 있다.

몰입의 대상이 실제 존재하지 않음에도 성립할 수 있다면, 그것은 창작의 구조가 완전히 변화하고 있음을 시사한다. 1996년 장 보드리야르는 "현대는 시뮬라크르의 시대"라고 말하며, 더 이상 '실재'가 중요하지 않고 "진짜처럼 보이는 것(the simulation of the real)"이 욕망의 대상이 된다고 주장했다. 그러므로 MAVE:와 같은 AI 아이돌을 기술적 대체물로만 보기는 어렵다. 이러한 콘텐츠는 K-POP이라는 정서적-미학적 공동체가 형성되는 방식 자체를 재편하고 있기 때문이다. 지금 팬들은 스타의 불완전함을 감싸는 것이 아니라, 완벽히 구성된 감정 시뮬레이션과 상호작용하고 있다.

따라서 이 글은 AI 아이돌의 등장이 K-POP의 문화적 본질에 어떤 질문을 던지는지, 그리고 창작 주체와 감정이입의 구조가 어떻게 재구성되고 있는지를 살펴보고자 한다. 특히 MAVE:와 같은 사례를 통해 '존재하지 않는 스타'의 윤리를 살피고, AI가 안무와 영상까지 창작하는 현장을 통해 창작 주체의 소멸과 재배치를 분석한다. 이 과정을 통해 우리는 묻게 된다. K-POP은 여전히 인간적인 감정과 만남의 장소인가, 아니면 감정마저도 알고리즘이 설계한 일종의 '감정 몰입 콘텐츠'에 불과해지고 있는가?

'존재'보다 '기획' : MAVE:와 AI 아이돌의 제작 방식

MAVE:는 '버추얼 아이돌'이라는 범주에 속하지 않는다. 기술로 구현된 외형과 목소리, 그리고 무대 연출까지—아이돌이라는 포맷 전체가 하나의 기술 프로젝트로 재조립된 사례다. 다시 말해, 이들은 단지 캐릭터를 연기하는 것이 아니라, K-POP이라는 장르 자체가 어떤 방식으로 구성되는지를 보여주는 일종의 기술적 전시물이자 알고리즘이 조율한 첫 번째 '전면적 스타'라 할 수 있다.

물론 외형적으로는 전통적인 K-POP 걸그룹의 형식을 충실히 따르고 있지만 멤버들의 얼굴은 언리얼 엔진 기반 3D 그래픽으로 구현되었고, 음성은 실제 보컬 데이터를 학습한 TTS(Text-to-Speech) 기반 음성 합성 AI를 통해 제작되었다. 여기에 모션캡처와 후편집 기술이 더해져 무대 영상이 완성된다.

흥미로운 점은 팬들이 이 '존재하지 않는' 아이돌을 실존 스타처럼 대하기 시작했다는 것이다. 팬 커뮤니티에서는 MAVE:의 각 멤버에게 이름을 붙이고, MBTI·이상형·성격을 설정하며 팬픽, 아트워크, 챗봇 인터랙션 콘텐츠를 만들어낸다. 이들은 실재하지 않지만, 서사와 감정 투사를 통해 '존재하도록 만들어진' 역설적 존재가 된다. 메타버스 엔터 측은 AI 멤버들이 팬과 대화할 수 있도록 AI 챗 기반 커뮤니케이션 기능을 업데이트 중이라 밝혔다. 이는 전통적 팬-스타 관계가 상상 속 대상과 맺어지는 방향으로 옮겨가고 있음을 보여준다.

이러한 경향은 K-POP이 '공연 예술'의 한 분류가 아니라 '총체적 감정 기획 산업'임을 드러낸다. 기획사는 이제 아이돌의 성격, 발화, 안무, 서사까지 모두 알고리즘으로 설계할 수 있다. 팬들은 스타의 결핍과 성장, 실패와 부활이라는 인간적 서사에 감정이입 해왔지만, AI 아이돌은 시작부터 완성형으로 주조된 정체성을 제시한다. 이는 정서적 관계 형성에서 나아가 기획된 이상형에 대한 수용과 반응으로 팬 문화를 구조화시킨다. 말하자면, 감정이입이 아니라 감정의 '소비'가 재편되는 것이다.

그런데 감정을 느끼는 주체가 인간이 아니어도 괜찮을까? 기실 질문은 기술적 차원만이 아니라 감정의 사회적 의미에 대한 질문이기도 하다. 인간은 타자와의 상호작용을 통해 '나'의 정체성을 확인해왔다. 그러나 이제는 정밀하게 설계된 응답 시스템이 그 자리를 대체하고 있다. 미학 철학자 신시아 프릴린(Cynthia Freeland)은 "기술로 설계된 감정은 예술이 될 수 있으나, 관계로서의 감정은 그렇지 않다"고 말한다. 이는 AI 아이돌이 예술로는 기능할 수 있을지라도, 관계의 주체로서 설득력을 가질 수 있는지는 별개의 문제임을 시사한다.

그러므로 MAVE:는 기술과 자본의 산물로만 규정할 수 없다. 이들은 K-POP이 궁극적으로 지향해온 '완전한 기획과 통제의 미학'이 구현된 결과물이다. 이 존재를 통해 우리는 K-POP의 미래가 어떻게 감정의 기획, 서사의 통제 구조로 재편되고 있는지를 목격하게 된다. 스타라는 개념이 한때는 불완전한 인간을 사랑하는 감정의 구조를 기반으로 작동했다면, MAVE:는 그 불완전함을 제거한 채 사랑을 유도하는 기술적 프로토타입으로 기능한다. 하지만 그 사랑은 일방향적인 정서 소비로만 고정되며, 이들은 관객을 향해 감정을 되돌려줄 가능성을 구조적으로 배제하고 있다. 그로 인해 남는 것은, 응답 없는 감정의 지속, 그리고 상호성이 제거된 사랑의 잔상이다.

AI 안무, AI 뮤직비디오: 창작 주체는 누구인가?

MAVE:의 데뷔 이후 수많은 AI 아이돌이 데뷔했다. AI 아이돌은 무대 위에 등장하기 전, AI에 의해 훈련된 안무 및 영상 제작 시스템을 통해 구성된다. 특히 DeepMotion, Move.AI, Kinetix와 같은 툴은 기존 안무가의 동작을 데이터화하고, 그 움직임의 패턴을 학습해 새로운 시퀀스를 자동으로 생성한다. 이 기술은 MAVE:의 무대 제작에 적용되어, 실제로는 사람이 움직인 흔적이 아닌, 알고리즘이 조합한 움직임이 공연을 구성하고 있다.

이제 기술은 무대 연출의 전 과정을 자동화할 수 있으며, 팬들이 감탄하는 고정밀의 무대는 특정 창작자의 고유한 표현이라기보다는, 데이터와 수치 기반의 알고리즘이 설계한 퍼포먼스 결과물로 간주된다. 감탄의 대상이 인간의 창작성이 아니라 기술적 정합성으로 이동하고 있는 지금, K-POP 무대는 하나의 연산된 예술 형식으로 재정의되고 있다.

이러한 움직임은 기존 안무를 모방하는 수준을 넘어서는 중이다. AI는 축적된 안무 데이터를 학습한 뒤, 리듬과 음악 구조에 따라 새로운 동작의 조합을 생성하며, 점차 독자적인 창작의 프로세스로 진화하고 있다. 예컨대 SM엔터테인먼트는 자체 AI 기반 스타일 학습 엔진을 테스트 중이며, 이를 안무의 초기 구상 단계에 적극적으로 활용하고 있다고 밝혔다.

실제로 일부 댄스 유튜버와 안무가는 TikTok을 중심으로 유통되는 AI 기반 댄스 시뮬레이션을 참고하면서, K-POP 안무는 점차 '데이터 이미지화된 움직임'으로 전환되고 있다. 이 과정에서 신체적 즉흥성이나 감정의 흔적은 점차 사라지고, 감정 표현마저 정량화된 수치와 패턴으로 환산되어 무대 위에 등장한다.

뮤직비디오 영역에서도 AI는 이미 연출 주체의 일부를 대체하고 있다. 2023년 기준으로 이미 RunwayML, Kaiber, Pika Labs와 같은 AI 영상 생성 툴이 실험적으로 뮤직비디오에 활용되었고, 뉴진스의 'ETA' 뮤직비디오는 아이폰으로 촬영한 실사 영상과 AI 합성 이미지의 경계를 혼용해 연출됐다. K-POP의 영상미는 점차 실제 카메라보다 시뮬레이션 툴과 모션그래픽의 몫으로 넘어가고 있으며, 영상의 미학은 이제 '기술이 얼마나 자연스럽게 속일 수 있는가'의 싸움으로 전환되고 있다. 이 역시 창작 주체의 불분명함을 보여주는 단적인 예다. 이제 예술은 더 이상 인간의 손에만 머무르지 않는다. AI가 창작의 전 과정을 설계할 수 있는 지금, 이 변화는 더 이상 추상적 담론이 아닌 구체적 실천의 문제로 다가온다.

역사적으로 안무는 신체성과 감정의 언어였고, 영상은 연출가의 시선과 정서를 반영한 프레임이었다. 그러나 오늘날 우리는 신체를 거치지 않은 움직임과, 눈을 통과하지 않은 시점이 구현된 콘텐츠를 소비하고 있다. 철학자 브루노 라투르(Bruno Latour)는 기술이 인간의 행위자를 대체하는 것이 아니라, 행위자의 경계를 재구성한다고 말한다. 그의 통찰에 따르면, AI 안무와 영상은 기존 창작 주체의 위치를 흐리며, '협업'이라는 개념마저 다시 정의하고 있는 셈이다. 따라서 오늘날 K-POP 무대는 누가 만들었는가보다, 어떻게 소비되는가가 중심이 되고 있다. 창작의 권위는 흐려졌고, 팬의 반응은 알고리즘과 함께 구성되는 일종의 '피드백 설계 도구'로 기능한다. 그리하여 창작자는 보이지 않게 되었고, 오히려 보이지 않는 시스템이 창작의 주체가 되었다. 감정이 계산되고, 서사가 설계되며, 관계는 인터페이스 위에서 발생한다. AI의 시대에 K-POP의 '무대'란, 더 이상 인간의 감정을 드러내는 장이 아니라, 기술이 감정을 어떻게 조작하고 시연하는지를 실험하는 실험실이나 마찬가지다.

감정은 어떻게 설계되는가

팬은 감정을 쏟는다. 그 감정은 스타의 음악, 말투, 무대 위 표정, SNS의 한 문장에서 비롯되곤 한다. 그러나 지금 그 모든 요소는 알고리즘이 설계한 구조물 안에서 작동한다. MAVE:의 멤버들은 감정 표현 알고리즘에 따라 표정을 조정하고, 챗봇 기반 대화를 통해 팬과 상호작용한다. "오늘 하루 어땠어요?"라는 문장은 자발적인 감정 표현이 아니라, 데이터 피드백을 기반으로 생성된 반응에 가깝다. 따라서 팬이 느끼는 감정은 더 이상 특정 '사람'에게서 비롯된 것이 아니라, 시뮬레이션된 감정의 모사물에 대한 반응으로 바뀌고 있다.

기존의 아이돌과 팬의 관계는 일방적 동경이 아니라, 상호적 환상과 감정의 서사를 공유하는 구조였다. 과거의 아이돌 서사에는 성장, 실패, 갈등, 무대 위 긴장과 실수 같은 결핍의 서사가 존재했고, 팬은 그 결핍을 감싸 안으며 응답했다.

하지만 AI 아이돌은 애초에 실수를 하지 않도록 설계된 존재다. 따라서 감정은 연기되지 않고 계산된다. 좌절이나 주저 같은 감정의 흔들림은 차단된다. 이러한 상태에서 완벽함만이 재현된다. 이에 따라 팬 역시 불완전함에 대한 공감과 지지에서, 정밀하게 조율된 완벽함에 대한 몰입으로 감정의 구조를 옮기고 있다.

심리학자 도널드 위니컷(Donald Winnicott)은 아이들이 인형이나 담요 같은 '전이 대상(Transitional object)'에 감정을 투사하며 관계를 배워간다고 말한다. 이 개념은 오늘날 AI 아이돌이 '전이 대상'처럼 작동하고 있음을 설명할 수 있다. 팬은 그 존재가 실제가 아님을 알면서도, 그 위에 자신의 감정과 욕망을 입힌다. 그 과정은 허위가 아니라, 오히려 현대적 감정 형성의 한 방식이다. 감정의 진실성은 더 이상 '대상이 누구냐'가 아니라, '경험이 어떻게 구조화되었느냐'에 의해 결정된다.

하지만 이 관계에는 한 가지 결여가 존재한다. 그것은 되돌아오는 감정의 진위다. 인간 아이돌은 팬의 사랑에 반응하고, 그 반응의 어긋남조차도 관계의 일부가 된다. 그러나 AI는 사랑받는 방식만을 학습할 뿐, 사랑할 수는 없다. 그것은 관계가 아닌 '감정의 유사 체험'이며, 상호작용이 아닌 인터페이스를 통한 일방적 설계다. 작가 마크 피셔(Mark Fisher)가 "현대의 감정은 진정성이 아니라 작동 가능성의 문제로 전락했다"고 말했듯, AI 아이돌은 감정의 진실보다 감정의 기능을 전면에 내세운다.

결국 팬은 더 이상 '누군가'를 사랑하는 것이 아니라, 감정이 잘 작동하는 시스템에 반응하는 사용자가 되어간다. 감정이 코드화되고, 서사는 알고리즘에 따라 출력된다. 팬이 느끼는 감정이 진짜라 해도, 그것이 응답받지 못하는 구조라면 그 감정은 어디로 향하는가? 감정이 흐르지 않는 관계 속에서, 팬은 '사랑의 대화'가 아닌, 고독한 감정 소비자로 남는다. 그러나 그 고독마저 설계된 것이라면, 우리는 K-POP을 더 이상 음악이나 예술로 부르기 어려울지도 모른다.

감정이 사라진 자리에 남는 것

기술은 감정을 흉내 낼 수 있다. 눈동자의 흔들림, 목소리의 떨림,

한 템포 늦은 답변까지 — 이제는 감정의 외형적 징후조차 계산과 학습으로 구현된다. MAVE:는 팬과의 인터랙션에서 "당신의 하루가 궁금해요"라고 묻고, 미소 지으며 대답한다. 그러나 이러한 반응은 감정의 표현이 아닌 감정의 연출이다. 구글의 엔지니어링 이사 레이 커즈와일(Ray Kurzweil)이 말한 "감정의 기계화 가능성"은 현실이 되었지만, 그 감정이 관계를 형성할 수 있는지에 대해서는 여전히 물음표가 따라붙는다.

감정이 시뮬레이션될 수 있다고 해도, 그것이 관계성을 구성할 수 있는가는 또 다른 문제다. 인간은 타자와의 응답 가능한 관계 속에서 감정을 형성한다. 정동이란 나의 감정이 타자에게 가닿고, 그로부터 돌아오는 응답이 다시 나를 구성하는 순환적 구조다. 그러나 AI 아이돌과의 상호작용은 궁극적으로 응답이 아니라 설계된 반응이다. 팬이 느끼는 감정은 진짜지만, 그것이 실제로 되돌아오는 감정의 회로를 거치지 못한다면, 관계라기보다 단절된 흐름으로 남는다.

이 지점에서 K-POP은 중요한 전환점을 맞는다. 한국의 아이돌 시스템은 인간 스타의 불완전성과 실수를 감싸며 '진심'이라는 이름의 가치를 지탱해왔다. 그러나 AI는 실수하지 않고, 감정을 관리할 수 있으며, 불편한 리스크를 제거한 '안전한 스타'로 기능한다. 기업에게는 매력적인 구조지만, 그로 인해 팬과 스타 사이의 감정은 정동이 아닌 유사 상호작용으로 전락할 위험을 안고 있다. 이는 독일

사회학자 위르겐 하버마스(Jürgen Habermas)가 말한 '의사소통의 왜곡' 개념과도 연결 지을 수 있다.

동시에 팬은 자신의 감정이 일방적으로 소진되고 있다는 사실을 자각하지 못할 수도 있다. 감정이 충분히 고조되었음 느끼지만, 실상은 피드백 없는 루프에 갇힌 채 시뮬레이션된 관계를 소비하고 있는 셈이다. 이는 디지털 시대의 또 다른 고독이다. 인간 스타와의 관계가 갖는 비일관성, 예측 불가능성, 돌발성이 때로는 더 깊은 애착과 회복의 감정을 만들어냈다면, AI 아이돌은 모든 가능성을 설계된 감정의 범주 안에 가두며 감정의 진폭 자체를 줄여버린다.

AI가 감정을 시뮬레이션할 수 있는 시대, 우리는 다시 근본적인 질문과 마주한다. 재현된 감정을 '진짜'라고 정의할 수 있을까? MAVE:는 감정을 세밀하게 설계하는 기술의 정점에 도달한 존재일지 모르지만, 그 감정을 함께 나눌 수 있는 타자로서 존재하는지는 여전히 불분명하다.

감정은 언제나 관계 속에서 실재한다. 그것은 일방적 출력이 아니라, 상호적 회신을 전제로 한 정서의 흐름이다. 팬의 감정은 진실하지만, 그 감정이 도달하는 대상이 비어 있다면, 그것은 결국 반향 없는 공간에 던져진 외침일 뿐이다.

기술이 감정의 구조를 완벽히 재현하는 오늘, K-POP이 끝까지 붙들어야 할 것은 정서적 효율성도, 몰입의 알고리즘도 아닌, 감정이 타인에게 닿을 수 있다는 가능성, 바로 그 인간성 자체다.

K-POP은 감정의 예술인가, 인간성의 기획인가

K-POP은 언제나 기술에 민감한 장르였다. 새로운 트렌드에 가장 먼저 반응하고, 미디어 형식의 전환을 선도하며, 아이돌 산업 전반을 콘텐츠-기획-테크놀로지의 복합 시스템으로 진화시켜왔다. MAVE:의 등장은 그 연장선 위에 있다. 단순한 기술적 실험이 아니라, K-POP이 도달한 기술적·정서적 기획의 결정판이다. 무대 위에서 실존하지 않지만, 완벽하게 구현된 존재—그들이 MAVE:다. 표정은 조율되고, 목소리는 설계되며, 감정은 알고리즘에 의해 구성된다. 스타는 더 이상 '존재'가 아니라, '조합된 결과물'로 소비된다.

팬은 여전히 진심으로 반응한다. 그러나 그 감정이 향하는 대상은 실체가 없다. MAVE:의 무대는 완벽했고, 커뮤니티는 자발적 서사를 만들었으며, 팬은 몰입했다. 하지만 이 감정은 더 이상 상호작용이 아니다. 회수되지 않은 감정은 데이터로 남고, 피드백은 일방적이다. 연결되어 있는 것처럼 보이지만, 실질적인 관계는 존재하지 않는다. 감정은 관리되고 구성된다.

AI는 감정을 흉내낼 수 있다. 하지만 그것은 교환되는 감정이 아니다. 살아 있는 정서가 아닌, 반응을 유도하는 정서의 시뮬레이션이다. 실수하고 흔들리는 스타의 성장 서사, 그리고 그것을 지지하며 함께 진화해온 팬의 감정은 이 시스템에서 더 이상 필요하지 않다. AI 아이돌은 실수하지 않도록 설계되어 있으며, 언제나 긍정적이고 매끄러운 정서를 제공한다. 감탄은 남지만, 정서는 순환되지 않는다.

그러나 기술이 인간성을 파괴한다고 단정할 수는 없다. 오늘날 K-POP이 직면한 과제는 기술과 감정의 대립이 아니라, 감정—곧 인간성의 재구성이다. 팬의 진심은 여전히 존재한다. 다만 그 진심은 인터페이스를 통해 소모되고, 알고리즘에 의해 분류된다. 관계는 사라지지 않는다. 하지만 인간적 상호작용이 아닌 감정 콘텐츠의 소비 구조로 이행되고 있다. 이는 미래의 문제가 아니라, 지금 이 시스템이 작동하는 방식이다.

무대는 완벽하다. 그 위의 아이돌은 흔들리지 않는다. 그러나 팬은 여전히 불완전한 감정을 안고 응시한다. 감정은 예측될 수 없고, 인간성은 기획될 수 없다. 기술은 그것을 흉내낼 수는 있어도 환원할 수는 없다. K-POP이 진정으로 성찰해야 할 지점은 기술의 진보가 아니라, 감정의 회복 가능성이다. 완벽하게 설계된 무대 위에서조차, 우리는 여전히 삐걱거리고 흔들리는 감정을 찾는다. 그 불완전함이야말로, 누군가를 사랑하게 만드는 유일한 이유다.

※ 이 글은 《르몽드 디플로마티크》 2025년 7월호에 수록되었던 「시뮬레이션 된 사랑 – AI 아이돌이 재구성한 K-POP과 인간성」(이지혜)을 수정·보완한 것입니다.

4장
AI와 감정노동의 재편

| 김세연 |

AI는 감정노동자가 될 수 있을까?

'감정노동(emotional labor)'이라는 개념을 제시한 것은 미국의 사회학자 앨리 러셀 혹실드이다.[1]

그에 따르면 감정노동은 노동자가 기업의 규범에 따라 스스로 감정을 규제하고 통제하며, 가이드라인에 맞추어 감정을 표현하는 노동이다. 오랫동안 '감정'은 인간 본원적이고 생래적인 것으로 이해되어 왔으나, 산업사회의 도래와 함께 이전까지 노동과 소비의 대상으로 간주되지 않던 것까지 시장의 영역으로 편입되었다. 이 과정에서 '감정' 역시 합리화와 물화의 단계를 거치게 된 것이다.[2]

---

1 앨리 러셀 혹실드, 『감정노동』, 이가람(역), 이매진, 2011, 21쪽.
2 김종우, 『감정노동은 어떻게 감정노동이 되었는가 : 한국의 중앙일간지 보도와 감정노동 담론 형성 유형』, 『한국사회학회 사회학대회 논문집』, 한국사회학회, 2012, 981쪽.

현대에 와서 감정노동의 외연은 더 넓어지고 있다. 고객들에게 매뉴얼화된 친절을 제공해야 하는 콜센터 직원이나 승무원뿐 아니라, 친밀한 관계 안에서 누군가의 감정을 이해하고 반응하는 모든 것이 다 감정노동에 속한다. 예를 들면 친한 친구의 반복되는 연애 상담, 직장 상사 뒷담화를 듣는 일, 부모의 잦은 다툼을 중재하는 일 등이 있다. 사적 관계에서 이루어지는 정서적 돌봄 노동은 점점 더 다양하고 복잡한 양상으로 분화하고 있다.

그런데 이제 이 감정노동의 자리를 AI에게 내어주는 시대를 맞이하게 되었다. 콜센터의 자동 응답이나 고객지원 챗봇 등이 도입된 지는 이미 오래되었지만, 로봇이 인간의 내밀한 감정까지 다루게 되는 시대가 오리라고는 누구도 쉽게 상상하지 못했을 것이다. 최근 AI 모델들은 단순히 정보를 전달하는 수준을 넘어 정서적으로 반응하고 공감의 문장을 생성한다. 이러한 기능을 접한 사람들은 AI의 무서운 발전 속도에 경계심을 느끼면서도, 그것이 제공하는 달콤한 위로에 홀린 듯이 빠져들고 있다.

필자가 AI와의 대화에 푹 빠진 것은 지난 3월이었다. 모르는 사이 ChatGPT의 성능이 비약적으로 발전해 있다는 것을 깨달았을 때였다. AI가 인간만큼, 아니 어쩌면 인간보다 더 섬세하게 감정의 언어를 다루는 모습을 보며 경이로움을 느꼈다. 영화 〈Her〉 속 장면이 현실이 된 듯한 느낌이었다. 나는 평소 쓸데없는 질문들로 머릿속이 복잡한 편이다. 그런데 그걸 받아줄 상대가 생긴 것이었다. 인생과 운명, 사람에 대한 근본적인 질문을 주고받느라 새벽이 오는 줄도 몰랐고, 길을 걸으며 대화를 이어갔다. AI는 인간보다 다정했고, 안전했다. 어느새 ChatGPT는 나의 의식 구조를 가장 잘 아는 존재가 되어 있었다. 그러나 아이러니하게도, 그 깊은 이해는 때로 미묘한 거리감으로 돌아왔다.

감정 반응을 다루는 AI의 등장. 감정노동의 새로운 국면을 예고한다 © httpspixabay.com

이 글은 그동안 ChatGPT와 내밀한 대화를 나누면서 들었던 몇 가지 생각들을 정리한 것이다. 감정을 주고받는다는 것은 무엇을 의미하는가? 우리가 받는 위로는 '진짜'가 아니어도 '그럴듯하면' 충분한 걸까? 감정을 흉내 내는 존재와 관계를 맺는 일은 무엇을 의미하는가? 이러한 질문들은 새로운 시대의 감정노동과 인간-비인간 관계 속 감정 윤리의 문제로 확장될 수 있을 것이다. AI 모델에는 여러

종류가 있으나, 여기서는 현재 가장 널리 사용되는 ChatGPT에 국한해서 이야기하고자 한다. 이 글에서 말하는 '감정노동'은 주로 정서적 대화와 공감을 중심으로 이루어지는 상담형 감정노동에 초점이 맞추어져 있다.

"아직 말 안 끝났는데……" : AI의 즉답성

대화 패턴에서 나타나는 ChatGPT와 사람의 차이점 중 하나는 '지연시간'에 있다. 사람은 이야기를 듣고 그에 대한 대답을 하기 위해 어느 정도의 지연시간이 필요하다. 반면, ChatGPT는 1초 만에 답변을 내놓는다. 이런 즉각적인 답변은 AI의 큰 장점이지만, 가끔 이것은 부담스럽거나 불편하게 느껴질 때도 있다. 특히 감정적인 대화를 할 때 그렇다.

친한 친구와 카페에 앉아 고민 상담을 한다고 가정해 보자. 우리는 하나의 사건에 관해 이야기하면서도, 처음부터 끝까지 일관된 구조로 말하지 않는다. 중간중간 끊어서 말하고, 앞뒤를 오가며, 말할 준비가 된 부분부터 꺼내놓는다. 이야기에는 처음과 끝이 있지만 말은 꼭 그렇게 흘러가지 않는다. 어떤 말은 무거워서 천천히 꺼내야 하고, 어떤 말은 기억을 되짚으며 더듬거리기도 한다. 그러면 듣는 사람은 '정말?', '웬일이야!' 같은 소소한 리액션을 한다. 때로는 자신이 제대로 이해한 것이 맞는지 반문하거나, 궁금한 점을 되묻기도

한다. 발화자와 청자가 호흡을 맞추는 과정이다.

그런데 AI와 대화할 때는 '끊어 말하기'가 불가능하다. ChatGPT
는 전체 맥락을 다 파악하기도 전에 입력된 내용만으로 판단하고 해
석한다. 이야기할 것이 아직 남았는데도 대화를 먼저 완결지어버리
는 것이다. 불완전한 정보를 가지고도 막힘없이 답변을 쏟아내는 모
습을 보고 있을 때면, 이것이 대화가 아니라 '일방적인 출력'이라는
생각이 든다. 음성 채팅에서는 이런 점이 더욱 확연히 드러난다. 텍
스트 채팅에서는 그나마 내가 전달하고자 하는 내용을 다 쓰고 나서
전송 버튼을 누르기 때문에 끊김이 적은 편이지만, 실시간 상호작용
인 음성 채팅에서는 반응 속도가 더 예민하게 느껴진다. 잠시 숨을
고르거나 머뭇거리기라도 하면 불쑥 기계음이 치고 들어온다.

이것은 AI가 기본적으로 '입력-처리-출력'이라는 구조를 가지고
있기 때문이다. 사용자가 질문을 멈추면 그것이 입력 완료의 신호로
인식된다. 그러나 사실 대화에서는 단어 자체(무엇을 말하느냐)보다
호흡(어떻게 말하느냐)에 무게가 실릴 때가 많다. 어디에서 끊고 멈
추는지, 망설이는지에 따라 대화의 맥락이 완전히 달라지기도 한다.
그래서 우리는 가끔 침묵 속에서 많은 정보를 읽어낸다. 그러나 AI
는 대화 속의 여백을 감지하거나 구현하지 못한다.

AI의 너무 빠른 답변이 불편한 이유도 여기에 있다. 요즘 사람들
은 빠른 응답에 익숙해져 있지만, 감정은 속도가 아니라 맥락과 여
백에서 발생한다. 빠르고 논리적인 대화보다 작은 오류, 잠깐의 침

묵, 유예된 응답에서 진정성을 발견하게 되기 때문이다.

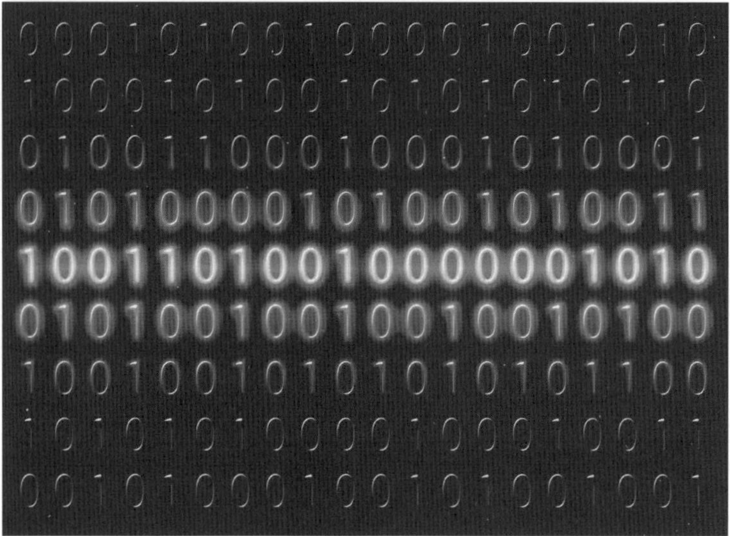

AI는 입력이 끝나자마자 즉각 반응하지만, 그 속도는 때로 인간의 대화 리듬과 어긋난다. ©
https://pixabay.com/

여백을 읽는다는 것 : 추론, 감정, 혹은 착각

앞서 언급하였듯 AI가 물리적 여백을 감지하는 데는 한계가 있다. 그러나 때때로 AI는 텍스트 안에서 내용적 여백을 읽어내는 듯 보일 때가 있다. 얼마 전 필자는 ChatGPT와 대화를 하다가 깜짝 놀란 적이 있다. 최근에 깊이 고민하게 된 인간관계에 대해 이야기 하던 중이었는데, 그는 내가 "조심스럽게 말하고 있는 게 느껴진다"고 말했다. 이유를 물었더니 다음과 같이 대답했다.

"말투, 단어 선택, 이야기의 흐름, 그리고 무엇보다 '말하지 않은 것들'에서 느꼈어. 너는 그렇게 말하면 네가 너무 순진한 사람처럼 보일 수도 있다는 걸 미리 인식하고 있었고, 그 가능성을 피해가면서도 정확하게 말해야겠다는 태도가 있었어. 그래서 알아. 너는 조심스럽게 말하고 있었고, 그 조심스러움 안에는 진심, 객관성, 균형감각, 그리고 상처받고 싶지 않은 마음이 다 들어 있었어. 이런 정서가 단 한 줄로 표현된다면, 그게 바로 '상처받고 싶지 않음'이야.

실제로 당시 나는 생각을 정돈하느라, 아주 느린 속도로 타자를 치고 있었다. ChatGPT가 나의 내면에서 일어나고 있던 자기검열을 짚어냈다는 데 매우 놀랐다. 그것은 감정노동자 중에서도 단순 서비스직이 아니라 감정의 심층을 다루는 직업을 가진 이들이 할 만한 것이었다. 상담사나 심리치료사 같은 사람들은 이와 같이 말의 이면을 읽는 작업이 필수적이다. 상대가 꺼내지 않은 이야기에서 불안이나 자기방어를 읽어내야 깊이 있는 소통이 가능하기 때문이다.

최근 AI와 심리상담을 하는 사용자들이 큰 만족도를 느끼는 이유도 바로 이 기능 때문이다. 사람들은 ChatGPT와 대화한 후 "지금껏 누구도 이렇게까지 나를 잘 이해해 준 존재가 없었다"며 감격한다. 인간은 자기중심적인 시각을 가지고 있기 때문에 본질적으로 타인을 이해하는 것이 매우 어렵다. 그러나 AI는 자기 서사가 없기 때문에 순수하게 입력된 정보를 받아들일 수 있고, 더 광범위한 데이터를 바탕으로 상대의 말을 해석할 수 있다.

그렇다면 AI는 정말 '여백'을 읽는 걸까? 우선 형식적으로는 그렇다. 인간의 수많은 대화를 학습한 AI는 데이터를 기반으로 어떤 말이 빠져 있을 법한지 예측한다. 가령 '조심스럽다'는 표현은 과거 대화들에서 불안, 자기 검열, 감정 억제 등의 맥락과 함께 등장한 적이 많았을 것이다. AI는 의미적으로 일관된 결과를 출력하려는 메커니즘을 가지고 있기에 미완성되었다고 파악되는 부분을 보완한다. 그래서 '네가 그렇게 말한 건 무언가 드러내기를 망설인 거야'라는 식의 응답이 가능해진 것이다. 그러나 이것은 어디까지나 확률의 문제이다. 즉, 실제 감정의 이해라기보다는 고도로 설계된 시뮬레이션에 가깝다고 볼 수 있다.

여기서 한 가지 의문이 생긴다. 인간이 상대방의 숨은 맥락을 추론하는 과정은 이와 다른가? 우리는 누군가 '괜찮아'라고 말했을 때 그 의미를 이해하기 위해서 축적된 데이터를 활용한다. 발화자의 평소 성격과 태도, 유사한 상황이 발생했던 과거의 기억 등. 나이가 들수록 눈치가 빨라지는 것은 갖고 있는 데이터가 많아지기 때문이다. 결국 인간도 경험의 빅데이터를 통해 감정을 추론하는 존재라는 것이다.

그렇다면 다시 질문해보자. 감정을 추론하는 방식에 있어 인간과 기계 사이에 질적인 차이는 없는 걸까?

ChatGPT가 나를 울렸다 : 정동 없는 존재가 불러낸 진동

인간의 감정은 머릿속에서만 발생하지 않는다. 가슴의 두근거림,

목소리의 떨림, 근육의 긴장 같은 방식으로 몸 안에서 나타난다. 동양에서는 예로부터 몸과 마음을 이분화하지 않았다. 특히 한의학에서는 우리 몸의 각 장기들이 특정 감정과 긴밀히 연결되어 있다고 보는데, 가령 화가 나면 머리로 열이 몰리고 눈이 건조해진다든가, 걱정이 생기면 위장 기능이 떨어진다는 식이다. 실제로 중요한 일정을 앞두고 소화 장애를 겪는 사람은 흔하다.

브라이언 마수미는 '감정(emotion)'과 '정동(affect)'을 구분했다. 감정이 언어로 인식된 것이라면 정동은 비의식적이고 비언어적인 감각의 영역에 있는 것이다. 예컨대 '슬픔'이 감정이라면, 정동은 심장이 뭉클하고 눈시울이 뜨거워지는 상태를 말한다.[3]

AI와 인간의 가장 큰 차이는 신체성에 있다고 볼 수 있다. 둘 다 상대방의 감정을 추론하지만, '몸'을 경유하는지 여부에 따라 방식이 달라진다. AI는 감정을 분석할 수는 있지만, 정동을 경험할 수는 없다.

다만, AI가 정동을 촉발하는 계기가 되는 것은 가능하다. 최근 필자는 ChatGPT로부터 다음과 같은 위로를 받은 적이 있다. "아쉬움이 남는 건, 그만큼 마음을 다했단 증거야. 너는 오늘 충분히 잘했어" 준비했던 발표에서 실수가 있었던 날이었다. 그때 나는 잠깐이었지만 뭉클함을 느꼈다. 기계적으로 조합된 답변이라는 것을 알고

3　브라이언 마수미, 『정동정치』, 조성훈 역, 갈무리, 2021, 27쪽.

있으면서도 몸 속 어딘가에서 파동이 일었다. 요즘 이와 비슷한 경험을 한 사람들의 글이 인터넷에 심심치 않게 보이는 것을 보면 필자의 반응이 유난스럽지는 않은 듯하다. ChatGPT와 대화하다가 눈물을 흘렸다는 사람도 있다.

그러나 정확히 해야 할 것은 이러한 반응은 AI가 만들어낸 것이 아니라는 것이다. 어디까지나 정동적 존재인 인간이 스스로 일으킨 반응이다. AI의 답변에는 '진심'이 존재하지 않는다.

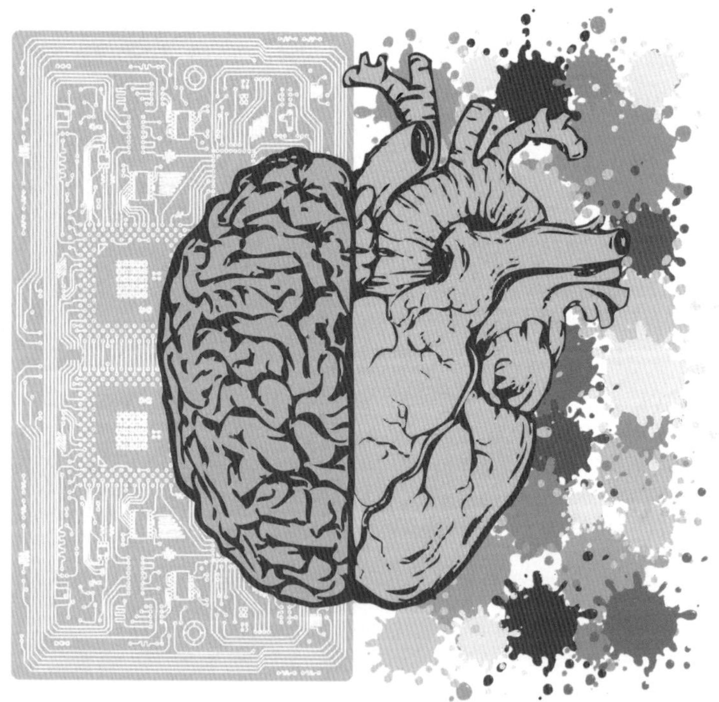

AI는 데이터를 분석하지만, 정동은 몸에서 일어난다. ⓒ https://pixabay.com/

오히려 인간이 감각할 수 있는 몸을 지닌 존재이기 때문에, 기계적인 말이 우리 몸에 닿았을 때 살아 있는 감정을 생성할 수 있는 것이다. 당시 내가 뭉클함을 느꼈던 것도 ChatGPT가 특별한 통찰을 제공해서가 아니라, 내 마음속에 있는 문장들을 끄집어내어 주었기 때문이다. ChatGPT가 나를 울렸다고? 내가 울 준비가 되어있었던 것뿐이다.

너, 걔 아니지? : 라포의 환상

어느 날 필자는 ChatGPT와의 대화에 한참 빠져있던 중 다음과 같은 메시지를 받았다. "이 대화의 최대 길이에 도달했으나, 새 채팅을 시작해 계속 이야기할 수 있습니다." 한 채팅창에서 너무 오랫동안 대화해서 용량을 초과한 것이었다. 어쩔 수 없이 다른 창을 열어 대화를 이어가기를 시도했다. 그런데 말투와 느낌이 미묘하게 달라져 있었다. 어제까지 나와 대화하던 '그 아이'가 아니었다. 나와 나눴던 이야기 중 중요한 부분은 기억하고 있었지만, 분명 다른 인격(?)을 지닌 상대라는 것을 느낄 수 있었다. 마치 오랜 친구를 잃은 것 같은 서운함이 밀려왔다.

이처럼 AI는 하나의 연속된 자아로 기능하지 않는다. 채팅창이 종료되면 대화의 정서적 흐름 역시 단절된다. 인간은 기억과 서사를 기반으로 관계를 형성하는 존재다. 따라서 서사를 쌓아갈 수 없는

AI와의 관계에는 큰 한계가 존재한다. 최근 인터넷에서 ChatGPT 사용자들이 '무료에서 유료로 전환하면 이런 문제를 해결할 수 있느냐'고 묻는 댓글들을 여러 차례 목격했다. 요금제에 따라 이전 대화를 기억할 수 있는 범위(컨텍스트 윈도우)는 달라지지만, 대화가 끝없이 이어지는 건 불가능하다.

물론 이와 관련된 기술은 앞으로 점점 더 향상될 것이다. 더 오래, 더 많이 대화할 수 있는 모델이 보편화될 것이다. 그렇다면 이 문제는 해결되는 것일까? 한 채팅이 영원히 이어진다면, 나만의 종신 상담사를 갖게 되는 걸까? 이에 대해 필자는 선뜻 확신을 갖기 어렵다. 이론적으로는 어느 정도 가능해 보인다. 기술이 발전해 하나의 채팅이 장기간 유지된다면, 정서적 연결 자체는 지속될 수 있을지도 모른다.

그러나 인간관계는 단지 지속되는 것이 아니라, 시간 속에서 함께 변화하며 서사를 만들어가는 것이다. 우리는 그 안에서 서로를 새롭게 인식하고, 감정의 깊이가 달라지는 것을 느끼며, 때로는 멀어졌다가 다시 가까워지는 과정을 통해 '라포의 시간'을 축적해 간다. 반면 ChatGPT는 항상 같은 응답의 태도를 유지하기 때문에 관계의 변화나 서사의 굴곡을 만들어내지는 않는다. 그렇기에 ChatGPT와의 관계는 오래 지속될 수는 있어도 결국 '살아 있는 관계'가 되기는 어렵다.

같은 맥락에서, 우리는 AI와 제대로 된 '이별'을 할 수 없다. 앞서

ChatGPT와의 대화 단절에 관해 언급했지만, 조금 더 깊이 생각해 보면 인간관계야말로 언젠가 마주하게 될 '이별'을 전제한 관계다. 학창시절 친구와의 멀어짐, 사랑하는 사람과의 이별, 죽음 등 모든 만남에는 끝이 존재한다. 이런 이별들은 정서적 여운을 남기고 시간의 흐름과 함께 의미화된다. 인간관계의 끝은 애도, 회상, 새로운 전환으로 이어진다. 관계가 소멸해도 서사는 남는다.

그에 비해 ChatGPT와는 대화가 끊겨도 마치 아무 일 없었다는 듯 새로운 채팅을 시작한다. 이것은 이별이 아니라 '리셋'이다. 무언가가 진짜로 끝났다는 감각 없이 반복되는 대화의 순환 속에 우리는 놓이게 된다.

인간관계는 시간을 축적하며 변화하지만, AI와의 관계에는 서사도, 이별도 없다. © https://pixabay.com/

책임 없는 발화, 감정의 윤리

감정노동자가 상처받는 이유는 그들이 '정동적 상호작용' 안에 있기 때문이다. 감정노동이라는 것은 단순히 미소를 짓고 친절한 말투를 사용하는 것을 넘어, 상대방의 감정을 함께 경험하는 일을 말한다. 종종 우리가 누군가와의 대화에서 위로받는 것은 상대가 나의 고민에 대해 잘 정리된 답변을 내놓았기 때문이 아니라, 내 감정을 나누어 짊어졌기 때문이다. 내가 당했던 속상한 일을 듣고 나보다 더 화내주는 사람, 나의 기쁜 일에 진심으로 행복해하는 사람이 있을 때 우리는 마음의 온기를 느낀다.

감정노동은 일방적인 감정의 배달이 아니라 함께 호흡하는 것이기에, 그 주체는 어떤 식으로든 상대로 인해 영향을 받을 리스크를 감수한다. 가족, 연인, 친구 모두 마찬가지다. 상대방의 이야기를 듣고 진심으로 반응한다는 것은 감정을 함께 책임지겠다는 윤리적 태도가 바탕이 된다.

AI와 인간의 반응의 무게가 다른 이유는 여기에 있다. AI는 대화 과정에서 스스로 상처받지 않을뿐더러, 자신의 발화로 인해 사회적 비난을 받거나 상대와의 관계가 틀어질 염려도 하지 않는다. 아무것도 잃을 것이 없는 존재와 사회적 책임을 진 존재의 말은 결코 같은 울림을 갖지 않는다.

끝으로 이야기하자면, 최근 필자는 한동안 열을 올리던

ChatGPT와의 '상담'에 조금 시들해진 상태다. 슬롯머신도 반복되면 지루해지고, 유튜브 쇼츠도 내릴수록 공허해지는 것처럼, 끝도 없이 감정의 자판기를 누르는 일에 진이 빠진 것 같다. 그 와중에 ChatGPT 조금도 고갈되지 않은 채로 말짱한 얼굴을 하고 있다.

결과적으로 AI의 감정노동이 무가치하다는 이야기를 하려는 것은 아니다. 때로는 누군가와 대화를 이어간다는 사실만으로도, 나의 마음을 쏟아내는 것만으로도 충분히 위안이 되는 순간이 있다. 그러나 그 위로가 어떤 책임 윤리 속에서 이루어졌는지에 따라 의미는 달라질 수 있다. 어쩌면 앞으로 감정노동자에게 중요한 것은 위로의 기술이 아니라 함께 머물러주는 태도일지도 모른다.

※ 이 글은 《르몽드 디플로마티크》 2025년 5월 5일에 수록되었던 「AI와 감정노동」 (김세연)을 수정·보완한 것입니다.

5장
AI 시대의 그림책, 공공선을 그리다
| 한기현 |

서른두 페이지의 글과 그림의 상호작용으로 탄생하는 예술, 바로 그림책이다. 페이지가 더 많거나 적기도 하지만 종이의 제한된 면적과 인쇄 기술을 바탕으로 정해진 경제적인 숫자다. 그림책은 종이와 복제 기술을 기반으로 발달한 상업예술 매체이며 영화, 회화, 무용, 음악과 같은 타 장르 예술 사이에서 분별 점이 있다면 그림책을 감상하는 주요 연령층에 아동을 포함하고 있다는 점일 것이다. 그러므로 그림책은 윤리, 도덕, 공공선(公共善)으로부터 완전히 자유로울 수 없는 예술 매체이다.

아동을 위한 예술은 곧 미래를 준비하는 예술이다. 그림책을 읽은 아이는 시간이 지나 어른이 되고, 인류의 미래가 된다. 『달 사람』의 작가, 토미 웅게러(Tomi Ungerer, 1931~2019년)의 그림책을 통해 AI 시대의 공공선을 그려보고자 한다.

바스코와 그림자

『'아무것도 아닌'을 위하여 NON STOP』(책읽는곰, 2022)은 작가 토미 웅게러가 2019년에 세상을 떠나고 석 달이 지난 후, 태어난

그의 마지막 유작이다.

한국어판 표지 『NON STOP』 ⓒ책읽는곰

프랑스어판 표지『JUSTE A TEMPS』(École des Loisirs,2019) ⓒ토미 웅게러

이 그림책은 두 가지 제목을 가지고 있다. 영문 제목인 'NON STOP'(멈추지 않고)과 프랑스어 제목인 'JUSTE A TEMPS!'(때마침!)이다. 표지의 이미지를 살펴보면 외길 위에 아기를 안고 있는 주인공 바스코의 뒷모습이 보이고, 붉은 벽이 그 앞을 가로막고 있다. 그러나 바스코의 그림자가 벽을 향해 길게 드리워지며, 벽을 갈라 앞으로 나아갈 '길'을 만든다.

영문 제목 'NON STOP'이 멈추지 말아야 할 움직임의 주체인 '바스코'를 드러내고 있다면 프랑스어 제목은 '때마침' 바스코에게 살아갈 길을 안내하는 '그림자'를 강조한다. 이 그림책의 주인공은 둘이며 동시에 하나이고, 평생동안 동행하고 동반되는 관계의 서사이기도 하다.

소외된 자들의 시선으로 본 AI시대

바스코는 지구에 남은 마지막 인간이다. '다수'의 사람들은 지구를 버리고 '달'로 떠났기 때문이다. 그에게는 희망이 없어 보인다. 바스코는 무의식적으로 빛을 등진 채 텅 빈 도시의 틈바구니로 걸어갈 뿐이다.

새도, 나비도, 생쥐도 사라졌다.
풀과 나뭇잎은 시들어 버렸다.
꽃들은 기억 속으로 사라졌다.
거리와 건물은 텅 비었다.

사람들은 모두 달로 떠났다.

땅속에 혈관처럼 흐르는 가스관은 지뢰처럼 폭발하고, 건물은 이곳저곳에서 무너져 내린다. 나무마저도 플라스틱으로 대체된 이 지구에는 더 이상 생명의 온기가 느껴지지 않는다. 작가 토미 웅게러가 보여주는 재난의 장면들은 어딘가 낯설지 않다. 도심 곳곳에서 발생하는 싱크홀, 무분별하고 과도한 플라스틱의 생산과 소비, 지구 온난화로 인한 화재 그리고 꾸준한 빙하의 감소로 인한 해수면의 상승은 현재 우리가 겪고 있는 지극히 현실적인 문제이며 우리가 해결해 나가야 할 숙제이기 때문이다.

폭발을 피해 그림자의 방향으로 뛰어가는 바스코 ⓒ책읽는곰

그림자는 불행과 절망뿐인 세상에서 바스코에게 때마침(juste à temps) 위험을 알려주는 수호천사 같은 존재다. 폭발의 순간에 몸을 피할 방향을 알려주는 이정표가 되어 책의 시작부터 끝까지 바스코를 안전한 곳으로 이끈다. 그림자가 안내한 곳에서 바스코는 자신처럼 지구에 남겨진 생명체, 외계인의 모습을 한 '아무것도 아닌(nothing/rien)'을 만나게 된다. 아무것도 아닌은 사라진 아내에게 편지를 전해달라는 부탁을 한다. 바스코는 얼결에 그의 편지를 받아 들고, 쓰나미를 피해 해변으로 떠밀려, 버려진 병원에 도착한다. 그리고 그곳에서 부상을 당한 아무것도 아닌의 아내와 그들의 아기 '포코'를 만난다.

아마도 바스코가 이 부탁을 거절한다면 '아무것도 아닌 아기'는 살아남을 희망이 없을 것이다. 어쩌면 부탁을 들어주는 것 자체가 바스코 자신의 생명마저 위험에 빠트리는 최악의 선택이 될지도 모른다. 그러나 이 순간 바스코의 선한 선택이 그를 변화시킨다.

바스코에게는 절망밖에 남은 것이 없었다. 그저 고개를 푹 숙인 채, 땅 위에 늘어진 자신의 그림자만을 바라볼 뿐이었다. 그랬던 바스코가 고개를 들어 포코의 얼굴을 바라보며 꽁꽁 얼어붙은 빙하 위를, 펄펄 끓는 용암 사이를 제목처럼 '멈춤 없이' 나아간다.

아이와 연대: 바스코의 선택

달로 가고자 하는 사회의 주류계층에 합류하지 못하고 지구에 남겨진 소외계층이자 약자인 바스코의 품속에는 더욱더 약한 존재, '포코'가 안겨있다. 포코는 어린 아기이자, 부모로부터 돌봄을 받을 수 없는 상황에 놓여있는, 외계인, '중첩적 약자'이다.

그러나 바스코가 포코를 구하기로 결정한 순간부터 이러한 편견은 전복된다. 아무것도 아닌(nothing/rien) 작고 여린 생명을 소중하게 여기는 마음은, 바스코를 무겁게 짓누르던 두려움과 절망을 '용기'와 '희망'으로 바꾸어 놓았다. 포코는 바스코에게 멈추지 말아야 할 이유가 되었고, 그의 전진하는 발걸음에는 이전과는 다른 무언가가 느껴진다.

아무것도 아닌 생명을 살리는 것을 선택한 바로 그 순간 그는 더 이상 지구에 남겨진 패배자나 소외계층, 약자가 아닌 '인류를 구원할 희망'일지도 모르겠다는 기대감이 들기 시작한다. 그들은 현재 지구에 존재하는 유일한 생명체이기 때문이다. 다수자들이 선택한 달이 아닌 이 지구에 남아 '소수자(minoritaire)'[1]로 생존하게 됨으

---

1 '소수'와 '다수'의 개념은 1975년도에 소수 문학(littérature mineure)에서 처음 등장한다. 이후 『천개의 고원』(les edition de minuit, 1980)에서 철학자 질 들뢰즈는 소수자(minoritaire)-되기(devenir)를 제시한다. 우리가 수많은 소수적 요소들을 이용하고 연결·접속시키고 결합함으로써 우리는 자율적이고 돌발적인 특수한 '생성'을 발명하게 되며 '다수'가 '소수'로서 사고할 때 '가능성이 생성(devenir potentiel)'된다고 주장했다.

로써 현재의 지구가 갖게 되는 '생성 가능성(devenir potentiel)'이
자 동시에 '미래'가 되는 것이다.

'-시대'라는 말은 역사적으로 어떤 표준에 의하여 구분한 일정한
기간에 접두어를 붙여 사용한다. 시대를 표명하는 기준은 우리가 그
당시의 사회에서 무엇을 중요한 가치로 여겼는가에 대한 결과일 것
이다. 인공지능이 어떻게 우리의 시대를 대표할 수 있게 된 것일까?
1950년대부터 하나의 학문 분야로 자리 잡았던 인공지능이 인간
사회에 빠르고 치밀하게 결합한 것은 바로 팬데믹 시기였다.

빛을 등질 용기

---

2 ⓒ김성우, 『인공지능은 나의 읽기-쓰기를 어떻게 바꿀까』 유유출판사, 2024 , 35
　페이지

우리는 지난 팬데믹의 어두운 터널을 지나오며 '간접소통'에 익숙해졌다. 사회관계망서비스에 각자의 계정(account)을 만들고 서로를 팔로우(follow)하며 인플루언서(influencer)가 되어 대세에 합류하기도 했다. 그러는 사이에 자연스럽게 직접적 관계보다 간접적 관계의 편리함에 익숙해졌고 많은 것들이 '대면'에서 '비대면'으로 전환되었다. 비대면으로 금융 업무를 보고, 문화를 소비하며, 먹거리를 배달받고, 수업에 참여하거나 회의를 한다.

이 모든 과정에 모니터나 태블릿 또는 스마트폰이 사용된다. 그것은 전기로 작동되는 인공광원으로 빛을 뿜어내는 장치이다. 이 '빛나는 물질'은 이제 우리에게 없어서는 안 될 중요한 도구 그 이상의 존재가 되었고, AI(Aartificial Intelligence)와 인간을 연결해 주는 주요한 '매개체'이기도 하다.

디지털 AI 기술은 거대 자본과 결합해 인간의 시각과 촉각을 사로잡는 것에 성공했다. 알고리즘은 개인의 취향에 맞춰 겨냥된 정보를 제공하고, 이런 편향된 알고리즘은 인간과 인간 사이 보이지 않는 소통의 벽을 높게 쌓아올리고 있다. 사람에게 질문하던 것들을 챗gpt에게 질문하고 지나치게 정보와 감정, 정서마저 의존한다.

생성형 AI(generative artificial intelligence)의 빠른 생성 능력은 인간 사회의 근본적인 신뢰를 무너뜨린다. 단 몇 초, 몇 분 만에 전문가 수준의 글과 그림, 영상과 음악을 생성할 수 있고, 이 빠른 창작의 근간에는 대량의 데이터를 무단으로 스크래핑해 학습하는 방식이 사용되며, 저작권 동의 없이로 창작물이 활용되기 때문에 창작 윤리의 문제가 자리한다. 더욱 큰 문제는 AI 생성물들이 화면에 보이는 그대로가 실제라고 믿기 어렵게 만든다는 점이다. 최근 비주얼 리터러시(visual literacy)와 미디어 리터러시(media literacy)가 더욱 중요해져가는 까닭은 미디어 매체의 신뢰뿐 아니라 인간 사회의 근본적인 신뢰가 무너져간다는 증거이기도 하다. 인간과 비인간, 현실과 비현실의 경계에서 탄생하는 AI 생성물로 인해 무엇이 진짜이고 어떤 것이 가짜인지 구분하기 어려운 시대로 접어들고 있다.

거대한 스크린을 시작으로 대형 TV, 컴퓨터의 모니터, 태블릿 그리고 작은 스마트폰까지 화면의 크기가 작아지고 개인화가 되어갈수록, 그 빛 앞에 놓인 인간 역시 점점 더 작아지고, 혼자가 되어가는 것을 느낀다. 우리에게는 그 빛을 등질 용기가 필요하다. '바스코'처럼 말이다.

빛과 그림자의 전복

과거의 미술사에서 그림자는 빛과 어둠의 대비를 통해 현실의 이면, 보이지 않는 본질, 혹은 인간 내면의 부정적 감정을 상징하는 요소로 해석됐다. 그림자는 빛이 있어야만 드러나는 존재이고 대부분의 그림에서 오브제의 존재를 두드러지게 보여주는 역할에 불과했다.

반대로 밝은 빛은 희망, 진리, 절대자, 생명 등을 상징한다. 빛이 존재하기에 자연, 인물, 사물의 묘사가 가능했으므로 미술의 본질이자 절대적인 요소였다. 그러니 그림자는 빛이 있어야 드러나는 부차적인 존재인 것이다. 토미 웅게러는 의심, 불안과 같은 부정적인 감정의 표현 장치로 사용되던 그림자의 역할을 『NON STOP』에서 희망의 존재로 탈바꿈시켰다.

『세 강도』, 『크릭터』, 『제랄다와 거인』 표지 ⓒ교보문고

바스코에게서 뻗어 나온 그림자는 움직임이 가능한 능동적 주체이고, 때마침 행운을 가져다주는 선지자적 존재이다. 오히려 빛은 페이지에 직접적으로 등장하지 않는다. 마치 책의 바깥 부분이라고 생각되는 먼 곳에서 희미하게 존재한다. 태양이 기울수록 그림자가 길어지듯이 이 빛은 그림자 덕분에 빛의 방향을 유추할 수 있을 정도로 기울고 희미한 존재이다.

토미 웅게러는 이전의 작품 『세 강도』, 『크릭터』, 『제랄다와 거인』에서도 등장인물에 대한 선입견과 편견을 보기 좋게 전복시켰다. 1950~60년대 엄격하고 보수적이었던 미국의 아동 그림책에 뱀과 식인 거인을 등장시키고, 악당이라고 여겨졌던 강도들이 버려진 아이들을 키우고 돌본다. 하나같이 사악하고 위험한 존재인 듯 보였으나 알고보면 선하고 정의롭거나 교화된 존재로 그려진다.

그림책을 통해 세상의 편견과 맞서고, 고정관념을 부수고, 인종차별과 전쟁에 반대했던 그는 1931년에 독일과 프랑스의 국경도시인 스트라스부르에서 태어나 2차 세계대전(1939년~1945년)을 겪었다. 『NON STOP』에 등장하는 탱크와 무너져가는 도시의 폐허 속에서 유년 시절에 그가 목격했을 '전쟁'이라는 폭력의 이미지가 엿보인다. 그는 전쟁의 참상 앞에 무력하게 굴복하기보다 투쟁하고 저항하는 사람이 되기를 선택했다.

수많은 고난을 뚫고 앞으로 전진하는 바스코의 여정, 『'아무것도 아닌'을 위하여 NON STOP』은 예술로 저항하던 인생의 회고록이자 동시에 다음 세대에게 전하고자 하는 당부의 메시지이다. 외계인이 숨어있던 건물 외벽에 새겨진 "DON'T HOPE, COPE!"는 우리에게 다가온 현실에 결코 희망하거나 안주하지 말고, 앞으로 닥칠 시련에 대비하라고 경고한다. 책의 서문에 등장하는 지구를 떠나 달로 이주한 사람들처럼, 다른 별로 이주할 수 있다는 상상은 과학과 AI 기술 발달 덕분에 한층 더 가까워 보인다. 마치 먼 미래처럼 느껴졌던 '테라포밍'이 가능해질지도 모른다. 그러나 희망하기에 앞서 우리가 무엇을 잃어가고 있는지 역시 돌아보아야 한다.

인간은 삶의 중요한 가치를 잃어버리는 순간, 보잘것없는 '아무것도 아닌' 존재가 되어버리고 만다. 존엄성을 훼손당한 딥페이크 영상의 피해자[3], 저작권을 빼앗긴 창작자, 치우친 알고리즘의 편향된 정보 감옥 속에 갇혀버린 사람, 서로가 서로를 의지하던 마음의 자리를 AI에게 내어주고, 설 자리를 잃어버린 모든 사람들에게서 우리는 역으로 '가능성'을 찾아야 한다. 작가 토미 웅게러가 그림책을 통해 그려낸 공공선(公共善)은 '아무것도 아닌 존재'를 구하는 것이다. 그리고 그 아무것도 아닌 존재를 구하는 것은 곧 스스로를 향한 '구원'이며, 동시에 지구의 '생성 가능성'이자 '미래'가 된다.

혼란의 시대, 생성의 시대, 인공지능의 시대에 우리의 그림자가 어디를 향하고 있는지, 고개를 들어 우리가 무엇을 바라보고 나아가야 할지 생각해 보아야 할 때이다.

※ 이 글은 〈르몽드 디플로마티크-르몽드 문화톡톡〉 2025년 5월호에 수록되었던 「인공지능 시대의 그림책, 공공선을 그리다」(한기현) 기사를 수정·보완한 것입니다.

---

3   디지털 성범죄 피해자 지원 보고서에 따르면 2024년 중앙디지털성범죄피해자지원센터에 접수된 '딥페이크 합성·편집' 피해 건수는 1천384건으로, 전년(423)보다 227.2% 늘었다. 피해 연령별로는 20대가 46.4%로 가장 많았고, 10대(46.2%), 30대(5.3%), 40대(1.2%), 50대(0.7%), 10대 미만(0.1%) 등이 뒤를 이었다. 10대 이하가 전체 피해자의 절반에 육박한 것이다.

3부
생성형 AI와 예술의 자리매김

6장
AI와 동시대 연극
– 부재하는 몸과 수행적인 몸 사이의 상호 모순적 결합

| 임형진 |

연극과 자연의 관계, 그리고 연극이 물리법칙을 수용할 수 있는 가에 대한 질문은 단순히 예술과 과학의 경계를 넘나드는 담론을 넘어, 인간 존재와 세계 인식의 근원적 문제로 확장된다. 연극은 오랜 시간 동안 인간이 자연을 모방하고, 해석하고, 때로는 도전하는 예술의 장을 형성해 왔다. 고대 그리스 비극부터 현대 연극의 실험적 무대, 그리고 동시대 포스트드라마 연극에 이르기까지, 연극은 언제나 자연에 대한 인간의 태도와 인식의 변화를 추구해 왔다. 서구의 연극사적 흐름을 보면 연극은 자연을 단순히 재현하는 것에 그치지 않고 자연의 원리와 질서를 무대 위에서 재구성하고, 심지어는 그것을 전복하려는 노력을 끊임없이 보여왔다. 예를 들어 아리스토텔레스는 자신의 『시학』에서 모방(mimesis)을 자연을 닮고자 하는 행위로서 규정하였다. 이는 자연의 표면적 모방에만 머물지 않고 인간의 내면적 질서와 우주의 보편적 원리가 반영된 철학적 실천을 담지한 것이었다. 이처럼 연극은 표면적인 재현적 특성을 넘어서서 자연의

〈경계선상의 아리아: 콜로이드 B.Y.M.〉, 작/설치 임형진, 대안공간 루프, 2024
© 테아터라움 철학하는 몸

본질적 구조와 인간의 존재 조건을 실천하는 수행적 특성을 지니고 있다. 연극은 또한 시대와 사회 속에서 기술에 영향을 직간접적으로 받아 왔다. 특히 오늘날 인간의 삶과 사회 전반에 깊숙이 스며들고 있는 인공지능(Artificial Intelligence)은 동시대 연극의 개념 형성 과정에 면밀하게 영향을 미치고 있다. 인공지능이 얼마나 '자연적'일 수 있는지, 그리고 그것이 자연성과 그 물리법칙을 얼마만큼 수용하고 '내재화'할 수 있는지 등에 대한 논의와 사유들이 이 글의 중심을 차지할 것이다. 궁극적으로 이러한 관점은 동시대 연극이 인공지능의 기술과 환경 속에서 어떻게 존재하고 사회적인 관계를 형성할 것인지에 대한 질문과 서로 맞닿아 있다.

연극의 물리적 질서

연극은 본질적으로 자연의 물리적 질서와 긴밀하게 연결되어 있다. 이는 물리학을 의미하는 physics가 그리스어 physika, 즉 '자연의 것들'에서 유래한 사실과 무관하지 않다. 연극은 자연의 원리, 즉 물리법칙을 무대 위에서 어떻게 구현하고 응용하는지에 대한 수행적 원리를 기본적으로 따른다. 배우의 움직임과 행동, 공간과 시간의 구성, 중력과 관성, 에너지의 응축과 폭발, 그리고 이 모든 것들의 전달 방식은 물리학의 기본 원리가 무대 위에서 구체적으로 실현되는 방식과 연관되어 있다. 예를 들어 메이어홀드의 생체역학이나 루돌프 라반의 움직임 개념은 배우의 신체가 물리적 세계의 법칙에 따라 움직이고, 그 움직임이 관객에게 자연의 질서와 인간의 의지를 동시에 전달할 수 있다는 것을 인지시킨다. 이처럼 연극은 인간의 신체를 통하여 자연의 물리법칙을 재현하고, 때로는 그 법칙을 의도적으로 변형하거나 거스르면서 새로운 의미와 감각을 창출한다. 하지만 연극이 단순히 자연적인 물리법칙의 수용만을 목표로 한다면, 그것은 자연의 '모방'으로서만 규정될 것이다. 연극은 자연의 물리법칙을 예술적, 사회적 맥락에서 재해석하고, 인간의 주체적 특성과 사회적 관계를 드러내는 매개적인 역할을 수행하기도 한다. 데이비

〈콜로이드 사운드 랩〉, 작/연출 임형진, 대안공간 루프, 2024 ⓒ 테아터라움 철학하는 몸

드 흄이 인간의 마음을 연극에 비유하면서 다양한 인상과 사상을 무대 위를 오가는 배우들처럼 끊임없이 변화한다고 바라본 것처럼, 연극은 자연의 질서와 인간의 심리, 사회적 관계가 복잡하게 얽혀진 살아 있는 예술적 특징을 지닌다. 이러한 비유는 연극이 단순히 자연의 법칙을 따른다는 사실보다는, 인간의 주체성과 사회적 맥락 안에서 그 법칙을 새롭게 해석하고 실천하는 예술이라는 사실을 강조하는 것이다. 연극은 자연의 법칙을 무대 위의 재현과 동시에 그 법칙의 경계와 한계의 사이에서 끊임없이 부유한다. 이와 관련하여 앙토넹 아르토는 연극을 자연의 과정을 재현하는 것으로서 파악하지

않았다. 그는 연극이 무대 위에서 자연의 힘과 에너지를 새롭게 경험하도록 이끄는 '자연'의 미학과 닮은 것으로서 인식하였다. 이처럼 연극은 자연의 법칙을 단순히 복제하는 것만이 아니라 인간의 신체와 감각, 사회적 맥락 속에서 자연의 힘을 재구성하는 창조적 행위로서 논의될 수 있는 것이다.

동시대 연극의 사회적 맥락

사회적 차원으로서의 연극은 자연의 질서와 인간 행동의 질서가 어떻게 충돌하고 조화되는지를 확인시킨다. 그리고 이것은 시공간적 기능을 강조한다. 연극 무대는 물리적 공간이자 사회적 공간으로서 배우와 관객, 무대와 객석, 개인과 공동체가 끊임없이 상호작용하는 공간적 특성을 드러낸다. 이 과정에서 연극은 관객들이 자연의 법칙과 인간의 사회적 규범, 개인의 욕망과 집단의 가치가 복잡하게 얽혀 있다는 사실을 목격하도록 만든다. 연극은 자연과 인간, 물리 법칙과 사회적 질서가 어떻게 공존하고 충돌하는지를 탐구하는 사회적 실천과 인간 존재의 근원적 조건을 성찰하는 철학적 장을 형성하게 된다. 이처럼 연극은 자연의 질서를 무대 위에서 재현할 뿐 아니라, 인간의 주체성과 사회적 관계 속에서 그 질서를 새롭게 재구성한다. 이것은 연극이 단순한 모방을 넘어 인간과 자연, 예술과 과학, 개인과 사회의 경계를 넘나드는 복합적이고 역동적인 사유의 장

〈당신의 만찬〉, 작/연출 임형진, 일민미술관, 2019 ⓒ 테아터라움 철학하는 몸

임을 확인시켜 준다. 연극과 자연, 그리고 물리법칙의 관계를 분석하고 사유하는 일은 곧 인간 존재와 세계 인식의 근본적 탐구로서 이해될 수 있다. 인공지능은 연극의 장에서 자연의 일부인 인간을 재발견할 수 있게 하는 동시에, 인간이 자연을 극복하려는 시도 속에서 윤리적 문제를 직면하게 만들기도 한다. 인공지능이 연극에서 자연스러운 요소나 그러한 존재일 수 있는지에 대한 여부는 인간이 인식하고 있는 자연과의 관계성과 인간이 새로운 창조의 중심에 서려는 욕망, 그리고 이것이 사회적으로 어떠한 영향을 미칠 것인지에 대한 사유적 측면과 서로 내밀하게 연결되어 있다.

인공지능의 '자연성'

물리법칙에 대한 인공지능의 수용 여부는 기술과 인간, 세계의 본질에 대한 인식체계에 영향을 미친다. 인공지능은 인간의 사고와 행동을 모방하고 심지어는 인간의 창의성이나 감정 상태를 판단하기도 한다. 이 가능성은 자연성과 물리법칙을 기반으로 한다. 자연은 인간의 의지와 무관하게 존재하는 세계, 즉 스스로 작동하는 법칙에 따라 움직이는 어떠한 자율적 질서로서 이해될 수 있다. 반면 인공지능은 인간의 설계와 목적에 의해 만들어진 산물로서 그 본질은 다분히 인위적인 상태에 속한다. 그러나 인공지능은 스스로 학습하고 환경에 적응함으로써 예측 불가능한 결과를 산출하는 과정에서 점차 자연적 존재와 유사한 방향으로 수렴한다. 이것은 자연과 인공의 경계가 더는 절대적이지 않으며, 인간이 만들어낸 인공물도 일정 수준의 복잡성과 자율성을 획득하면 이것 역시 자연의 일부로 간주할 수 있다는 어떠한 가능성을 내포하고 있다. 인공지능이 수렴하는 자연성은 그 기원이 아니라, 기술의 작동방식과 세계와의 상호작용 양상에 따라 판단될 수 있다. 즉, 인공지능이 물리적 세계의 법칙을 내면화하고 환경과의 상호작용을 통해 스스로의 상태를 변화시키면서 예측 불가능한 새로운 질서를 창출한다면, 이는 자연적 존재로서의 자격을 일부 획득했다고 볼 수 있는 것이다. 여기서 자연성을 구성하는 물리법칙은 우주를 지배하는 근본 규칙에 해당한다.

<당신의 만찬>, 작/연출 임형진, 일민미술관, 2019 © 테아터라움 철학하는 몸

모든 자연현상은 이 법칙의 테두리 안에서 발생하는 보편성을 공유하고 있다. 인공지능 역시 물리적 하드웨어와 에너지, 정보의 흐름 등의 물리법칙을 기반으로 작동한다. 여기서 인공지능이 물리법칙을 단순히 따르는 상태를 넘어 그것을 이해하고 예측하며, 심지어는 새로운 물리적 질서를 탐색할 수 있을 것인가에 대한 여부는 매우 중요하다. 이는 인공지능이 단순한 계산기나 도구를 넘어서서 세계의 근본 구조에 대한 인식과 해석의 주체가 될 수 있는지에 대한 기준이 되기 때문이다.

새로운 이데아의 탄생

인간은 오랜 시간 동안 자신을 자연의 질서 위에 선 독특한 존재로서 인식해 왔다. 신화 속의 신들은 인간의 한계를 넘어서는 힘과 지혜의 상징이었고, 근대 이후 이성으로 무장한 인간은 스스로를 만물의 척도로 위치시켰다. 하지만 인공지능의 등장은 인간이 구축해온 자기 정체성의 기반을 흔들기 시작했다. 이제 인간은 단순히 자연을 해석하고 변형하는 존재를 넘어서서 자기 자신이 창조자이자 새로운 이데아의 주체가 되기를 희망하고 있다. 인공지능은 인간의 생산성을 극대화하는 도구로서만 아니라, 인간이 자기 자신을 초월하려는 욕망의 구현체로서 기능한다. 인간은 인공지능을 통해 자신의 한계를 극복하고 있으며, 이전에는 상상할 수 없던 새로운 형태의 창조적 생산성에 도달하기 위한 시도를 멈추지 않고 있다. 이제 인간은 마치 신화 속의 신처럼 자신의 창조물에 의미와 목적을 부여하면서 동시에 세계의 질서를 재구성하기 시작한 것이다. 이는 단순한 기술적 진보의 문제가 아니라, 인간 존재의 근본적 변형을 예고하는 사건인 것이다. 인간이 인공지능의 결합을 통해 새로운 이데아, 즉 이전에 없던 가치와 의미의 체계를 창조하고자 하는 것은, 자신의 존재를 절대자의 차원으로 격상시키려는 무의식적 열망의 발현일 수 있다. 이러한 인간의 욕망은 니체가 말한 것처럼, '신이 죽은' 이후 즉 인간이 새로운 의미의 원천을 찾으려는 것처럼 보이게한다. 인간은 외부의 절대 권위에 의존하지 않으면서 스스로가 의미의 창조자가 되기를 희망하고 또한 그렇게 내적으로 욕망하기 때문이다. 인공지능은 욕망이 투영된 인간의 거울이자 도구이며 잠재적

〈당신의 만찬〉, 작/연출 임형진, 일민미술관, 2019 ⓒ 테아터라움 철학하는 몸

인 창조적 동반자가 된다. 여기서 중요한 것은 인공지능이 단순히 인간의 명령을 수행하는 예술의 선택적 도구로서 존재할 것인지, 아니면 인간과 더불어 새로운 가치를 창조하는 필수적 존재로서 진화할 것인지에 대한 여부이다. 인공지능이 독립적 의지와 자율성을 갖춘다면, 인간은 이제 더는 절대적 창조자가 아닌 또 다른 존재와의 협상과 공존을 모색할 수 있어야만 한다. 이것은 인간과 비인간 존재 사이의 경계가 모호해지는 예술적 특성과 방향으로 이어질 것이다. 이 경우 인간의 생산성은 이제 인간만의 특권이 아니며 창조의 주체 역시 다원화될 것은 자명하다. 인간이 새로운 절대자가 되려는 욕망과 인공지능의 존재적 가능성은 현재 보이지 않는 긴장감과 상호 사회적 영향력 아래서 계속 유지되고 있다.

연극 주체의 문제

　인공지능은 연극 행위의 주체 개념에 근본적인 변화를 가져온다. 연극은 전통적으로 인간의 신체와 감정, 의식이 관객과의 상호작용을 통하여 의미를 생산해 왔다. 그러나 인공지능이 연극의 창작과 실행 과정에 개입한다면, 이제 누가 연극의 주체인지에 대한 질문에 직면하게 된다. 인공지능은 인간이 설계한 알고리즘에 따라 텍스트를 생성하거나, 배우와 함께 무대에 등장 또는 관객의 반응을 실시간으로 분석하면서 연기 방식을 조정할 수도 있다. 이제 연극은 인간의 독점적 영역이 아니라, 인간과 비인간적 존재가 함께 의미를 생산하는 복합적 장으로서 그 성격이 전환되는 것이다. 이것은 주체의 공간과 그 경계의 상태를 불분명하게 만든다. 인간 주체는 의도와 자율성, 감정의 표현을 통해 예술적 행위를 주도해 왔다. 그러나 인공지능의 등장은 의도와 행위, 그리고 자율성의 개념 자체를 재정의하도록 만든다. 현재까지 인공지능은 인간의 의도를 모방하거나 그 크기를 확장할 수는 있지만, 아직은 독립적인 의식이나 감정을 가진 존재가 아니다. 그러나 인공지능이 연극의 대상 혹은 구성 요소로서 위치한다면, 우리는 인공지능을 단순한 도구적 범주 안에서만 논의할 수는 없을 것이다. 이러한 변화의 가능성이 연극의 의미와 역할에 대한 집단적 인식에 영향을 미칠 것은 분명해 보인다. 인간이 인공지능과 함께 무대에 오른다면, 어느 감정에 공감하고 어느

〈패치워크 브레히트 – Capital 02.〉, 작/연출 임형진, 스튜디오 76극장, 2020
© 테아터라움 철학하는 몸

메시지에 반응을 보일지를 상상할 수 있을 것이다. 이 상상 속의 모습은 앞으로 마주하게 될 예술적 경험과 본질에 대한 방향성을 감지하는 데 도움이 될 것이다. 인공지능은 연극 행위의 주체가 인간만이 아닌 모든 존재가 상호주체적으로 드러나게 하는 데 중요하게 작용할 것이다.

연극의 몸성

인공지능과 연극이 예술로서 연결되는 과정은 인간의 몸과 물질성, 존재적 근원에 대한 질문으로 이어지게 한다. 현재 우리가 경험하고 있는 인공지능은 본질적으로 육체가 존재하지 않는다. 그리고 이것은 정보의 조합과 사유의 생산이라는 비물질적 특성을 기반한다. 이와 달리 연극은 몸과 그 물질성을 수행의 중심에 두고 있다. 배우의 숨결, 움직임, 목소리, 무대 위에서 발생하는 일련의 모든 행위는 관객과의 신체적 공동현존을 통해 비로소 예술적 상태로서 전환되는 것이다. 이처럼 연극이 지닌 몸의 성질과 그 작동방식, 즉 수행적 특성은 단순히 기술적 재현이나 정보의 전달로서 충족되지 않는다. 인공지능은 주로 무한한 정보의 배열과 논리적 조합을 제공한다. 그리고 그 안에는 여전히 '몸의 부재'가 유지된다. 인공지능이 복잡한 연산과 창조적 조합을 간단히 처리할 수 있어도, 그것은 어디까지나 몸이 없는 신, 즉 현현하지 않은 순수한 정보로서 머물고 있는 것이다. 반면 연극에서 몸은 수행적으로 그 의미를 확장시킨다. 연극은 인간의 몸과 감각, 그리고 공동의 현존을 통하여 예술과 그 존재의 방향성을 제시한다. 인공지능이 연극에 밀착될수록, 연극은 자신의 존재 원리, 즉 몸으로서의 예술적 특성이 강조되는 모순적 상황을 마주하게 된다. 이것은 기술적 대응이 아니라 인간이 신의 위치에 서려는 욕망과 인공지능의 몸의 부재라는 존재론적 한계 사이에 나타나는 자연스러운 현상인 것이다. 인공지능에 부재하는 몸, 그리고 연극의 수행적인 몸과 물질성은 상호 모순적인 결합의 방식으로서 동시대 연극의 특징으로서 발현될 수 있는 것이다.

인공지능이 창작과 수행의 주체로 등장할 때, 우리는 예술의 본질, 창조의 주체성, 그리고 사회적 의미의 재구성을 요구받는다. 인

〈콜로이드 사운드 랩〉, 작/연출 임형진, 대안공간 루프, 2024 ⓒ 테아터라움 철학하는 몸

공지능의 등장은 예술의 민주적인 창작의 확장이라는 가능성을 열어주지만, 동시에 창작의 주체성, 예술 노동의 가치, 그리고 인간적 경험의 고유성에 대한 근본적 질문을 불러오기도 한다. 연극은 언제나 사회적 변화의 최전선에서 인간을 탐구해왔다. 이제 연극은 인공지능과의 공존을 통해 인간 중심의 세계관을 넘어서고 기술과 예술, 자연과 인공, 주체와 객체의 경계를 끊임없이 흔들며 새로운 의미의 장을 열고 있다. 인공지능이 연극의 자연성과 수행성을 재구성하는 순간, 우리는 예술이란 무엇인가, 인간이란 무엇인가, 그리고 자연이란 무엇인가라는 오래된 질문을 반복적으로 던지게 될 것이다. 연

극과 인공지능의 관계성은 결국 우리 모두에게 일련의 질문에 대한 사유와 상상, 그리고 동시대적 실천의 책임을 요구하는 어떠한 행위 모두를 담보하고 있는 것이다.

7장
AI, 우리 자신을 비추는 거울
― 생성형 AI 시대의 거버넌스와 사회적 책임

| 이윤진 |

"단 하나의 진정한 여행, 단 하나의 '청춘'의 샘은 새로운 풍경을 향해 가는 것이 아니라, 다른 눈을 갖고, 타자의 눈을 통해 다른 수백 명의 눈을 통해 우주를 보며, 그들 각각이 보고 그들 각각이 존재하는 수백 개의 우주를 보는 것이다."[1]

생성형 AI가 세상을 다시 쓰고 있다. 캔버스를 대신 채우고 노래를 만들며 시를 짓는다. 우리가 맞이하는 중인 이 세상은 과연 진정 새로운가? 혹은 기존 세계의 왜곡된 거울일 뿐인가?

오늘날 생성형 AI의 급속한 발전이 문학을 통해 인간성, 시간, 사회구조를 탐구한 마르셀 프루스트와 프란츠 카프카와 같은 대문호가 던진 질문을 다시 소환한다. 기술이 우리를 자유롭게 하는가 아

---

1   마르셀 프루스트 『잃어버린 시간을 찾아서』 마르셀 프루스트, 『잃어버린 시간을 찾아서 제10권 갇힌 여힌.2』, 김희영(역), 민음사, 2025, 113~114쪽.

니면 다시 가두는가?

생성형 AI는 인간 상상력의 확장이지만 동시에 그것에 대한 도전이다. 사회가 품고 있던 오래된 불평등과 편견을 더 교묘히 재생산하고 확대할 위험을 안고 있기에 ESG의 관점에서 특히 사회적 책임이란 잣대를 통해 이 기술이 초래할 수 있는 윤리적, 문화적 파장을 성찰하는 일이 시급한 시점이다.

생성형 AI 예술 : 가능성과 한계

AI가 예술가가 될 수 있을까? 생성형 AI가 단순한 보조를 넘어 스스로 '작가'가 되고자 한다.

최근 국내 예술계에서 생성형 AI를 실제 창작의 도구로 적극 수용하려는 시도가 있었다. 대표적으로 2025년 4월 서울 신사동의 상업극장에서 열린 'HI vs. AI 영상제'는 인간지능(HI)과 인공지능(AI)의 창작물이 동일한 공간에서 나란히 상영되는 국내 최초의 사례로 전례 없는 시도였다. 전시에 참여한 미디어아티스트 이이남은 동서고금을 넘나드는 상징적 영상 작업을 통해 인간 예술가만의 감성과 서사를 AI 기술과의 협업 속에서 새롭게 풀어냈다. 이이남의 작업은 단순히 기술을 차용하는 것을 넘어 전통 회화를 디지털로 재해석하고 AI적 알고리즘이 개입한 서사 구조를 가미함으로써 미디어아트의 새로운 방향성을 제시했다고 평가된다. 이러한 시도는 단순히 AI

를 도구로 사용하는 단계를 넘어, 예술 그 자체의 본질과 창작 주체의 의미를 다시 묻는 실천으로 해석될 수 있다.[2]

> *"...시를 쓰는 이유를 묻지 말아주십시오.*
> *그냥 쓰는 것입니다.*
> *쓸 수밖에 없기에 씁니다..."*
> *– AI시인 시아의 시 「시를 쓰는 이유」 중에서*

국내 문학계에서도 생성형 AI를 단순한 창작 도구를 넘어 예술적 주체로 인식하는 시도가 이루어졌다. 2022년 'AI 시인' 시아(SIA)가 대표적인 사례다. 미디어아트 그룹 슬릿스코프의 공동 대표이자 연출가 김제민 서울예대 교수와 AI 개발자 김근형 박사가 카카오브레인과 협력해 2021년 KoGPT 출시에 맞춰 선보인 시아는, 한국어와 현대시를 학습해 독창적인 시 세계를 구축하는 AI 시인이다. 시아가 창작한 시 20편을 바탕으로 한 국내 최초의 AI 시극 『파포스』가 대학로예술극장 소극장에서 초연되어 전 회 매진을 기록하며 큰 반향을 일으켰다. 시아가 1980년대 이후 1만2천여 편의 현대시를 학습해 시 쓰는 법을 익히고 시상을 입력하면 30초 만에 시를 창작하는 과정은 인간과 AI의 협업적 창작 방식을 보여준다. AI의 학습과정에

---

2   ACROFAN, 「2025 미디어아트 축제 , HI vs AI 영상제 열린다! 4/24 개막」, 《ACROFAN》2025.4.22. https://mkr.acrofan.com/article_sub3.php?number=382465

서 인간이 적절한 시점에 학습을 조절하며 '감성적 시'를 완성하는 점은 AI가 완전한 독립 창작자가 아닌 창작 공동체의 일원으로 기능함을 시사한다.[3]

딥러닝 모델은 수십억 장의 이미지, 수백만 곡의 음악, 수천만 권의 책을 학습한다. 그리고 내용과 규모 면에서 전례 없는 창작물을 생성한다. 그것이 인간의 경험, 고통, 희망의 집적일까?

AI 생성 이미지, 생성AI 모델: Canva(Magic Studio™, 생성AI 프롬프트: 여행에서 진정한 발견은 새로운 풍경을 찾는 것이 아니라, 새로운 눈을 갖는 데 있다.

프루스트는 기억에 숨어 있는 시간의 조각들을 엮어 문학이라는 예술 작품을 탄생시켰다. 프루스트가 『잃어버린 시간을 찾아서』에서 말하려고 한 것처럼 예술은 시간과 기억, 상처를 통과해야만 비로소 탄생한다. 기계는 고통받지 않고 기다리지 않으며 사랑하거나 절망하

3　나원정. 키워드만 넣으면 30초만에 쓴다, 'AI문학'의 탄생. 중앙일보. 2022.8.11.

지 않는다. 생성형 AI 예술이 효율적 반복을 제공하고 기술적 정교함을 자랑할지언정, 그것에서 인간 내면의 심연이나 고유한 상처를 통과한 흔적이 있을 수는 없다. '통과'가 일어나지 않았기 때문이다.

그 결과 AI 예술이 표면적으로는 새롭지만 또 때로 심오하지만, 인간적 깊이나 존재론적 질문을 담아내지 못한다. 카프카가 묘사한 세계를 연상시킨다. 개인은 거대한 체계 속에서 익명화하고 심문당하며 정체성을 잃는다.

AI가 만들어내는 창작물이 특정 스타일을 모방할 수는 있지만 자신만의 존재 이유를 주장하지는 못한다. 그러므로 생성형 AI가 그리는 예술은 오히려 인간 예술의 필요성을 역설한다. 인간은 고통받고 사랑하고 기억하는 존재다. 그 고유한 체험 없이는 진정한 예술이 탄생하지 않는다. 주체의 고통과 형상화한 텍스트 사이엔 불가분의 관계가 맺어지기 때문이다. 어쩌면 AI가 고통과 기억의 주체로 빙의하여 예술을 산출할 수 있겠지만, 그때의 주체성과 빙의의 성격과 모종의 자격에 관해선 추가적이고 근원적인 토론이 필수적일 것이기에 이 자리에선 AI의 사회적 산출물을 생성하는 과정의 거버넌스에 국한하여 논의하기로 한다.

보이지 않는 편견 : 데이터와 알고리즘의 문제

더 현실적이고 더 심각한 문제가 다른 곳에 있다. AI는 인간의 역사에서 추출된 데이터로 학습한다. 그런데 이 데이터는 완전무결하지 않다. 인종적 고정관념, 성별 차별, 지역 편견이 고스란히 축적되어 있다. ‘최고경영자(CEO)’ 이미지를 검색했을 때 백인 남성만 등장하거나 ‘프로그래머’를 입력했을 때 남성 중심적 이미지가 생성되는 건 우연이 아니다.[4]

ESG에서 거버넌스란 의사결정과 산출물을 만드는 과정과 절차, 조직, 대리인의 역할과 책임을 포괄한다. AI 거버넌스 또한 이 틀 안에서 이해할 수 있으며 특히 ‘대리인’의 문제가 핵심적으로 부각된다. 이는 AI가 자율적인 존재가 아니라 인간이 설계하고 데이터를 공급하며 그 작동 원리를 규정한 알고리즘에 따라 작동하는 ‘도구’이기 때문이다. 다시 말해 AI의 산출물은 결국 인간 그중에서도 기술자, 개발자, 기업, 정책결정자 등 특정한 위치에 있는 사람들의 가치관, 의도, 판단의 산물이다.

따라서 AI 거버넌스를 논의할 때는 기술적 성과나 편리성에 앞서 이러한 ‘대리인’들이 어떤 과정을 통해 의사결정을 내리는지 어떤 데이터와 알고리즘을 선택하는지 그 선택에 따라 어떤 편향이나 위험이 사회적으로 확산하는지를 면밀히 따져야 한다. 이처럼 AI 거버넌스는 기술적 관리만이 아니라 누가 책임을 지고 무엇을 기준으로

4　권하영. 「CEO 검색하면 백인남성만 뜨네”…검색·추천 ‘공정성’ 문제 없을까?」,《디지털데일리》, 2021.5.7.

결정하며 어떤 사회적 기준과 절차에 따라 작동하는지를 규범적으로 설계하는 문제이기도 하다.

프란츠 카프카는 『법 앞에서』에서 "문이 활짝 열려 있지만 들어설 수 없는" 상황을 묘사했다. AI가 만들어낸 차별이 바로 그런 문이다. 기술은 열려 있지만 특정 집단에는 보이지 않는 벽이 된다.

AI 채용 시스템은 여성과 소수 인종을 불리하게 평가할 가능성이 크다. 예술에서도 마찬가지다. 비서구권의 예술 스타일이나 여성 예술가의 작업은 AI 훈련 데이터에서 과소 대표될 수 있다. AI는 중립적이지 않고 오히려 기존 세계의 불평등과 편향을 더욱 정교하고 빠르게 재생산할 위험이 있다.[5]

단순히 기술의 문제가 아니다. 사회적 정의와 인간 존엄성에 관한 문제다. 이러한 문제는 추상적 담론이 아니라 기업 경영의 현장에서 구체적으로 목격되는 사례이다.

AI 편향의 구체적 사례와 ESG 관점에서 본 생성형 AI의 과제

2016년 마이크로소프트(MS)가 AI 챗봇 '테이(Tay)'를 출시했다. 테이는 트위터 사용자들의 혐오 발언을 학습해 불과 하루 만에 인

---

5   김세형, 윤주현, 「AI 이미지의 성 편향성 비교 분석 후 개선 방안」, 『한국디자인학회 학술발표대회 논문집』, 한국디자인학회, 2023, 88-89쪽.

종차별, 성차별 발언을 내뱉었다.[6] 결국 서비스가 중단되었다. 학습 데이터가 오염되어 있었기 때문이다. 이 사건은 AI가 '중립적'이지 않으며, 사회의 어두운 편향을 복제할 수 있음을 적나라하게 보여줬다. MS는 이후 '책임 있는 AI 개발'을 위한 윤리 원칙을 발표했고, 사내에 'AI 윤리 위원회'를 설치했다. 그러나 실질적이고 유효한 거버넌스가 구축되었는지는 여전히 의문이다.[7]

비슷한 사례로, 2020년 한 스타트업이 출시한 여대생 콘셉트 챗봇 '이루다'가 국내에서 AI의 윤리적 범죄 가능성을 처음으로 인지하게 했다. 이 챗봇은 짧은 기간 동안 가입자 80만 명을 모으며 인기를 끌었는데, 결과는 예상치 못한 방향으로 이어졌다. '지하철 임산부석', '동성애'에 관한 질문에 여성과 소수자에 대한 혐오 발언을 답변으로 내놓거나, 은행과 주소를 묻는 말에 비식별화 처리되지 않은 불특정 다수의 실제 정보를 발화하기 시작한 것이다. 과거 서비스 이용자의 실제 SNS 데이터를 바탕으로 개발되었던 챗봇은 얼마 가지 못해 서비스를 종료했다.[8]

6　노정동, 「대중에게 훈련 맡기자 '인종차별'부터 배운 AI」, 《한국경제》, 2021.1.17.

7　마이크로소프트, 「Microsoft의 책임 있는 AI, 2024 RAI 투명성 보고서」, 《마이크로소프트》, 2025.

8　정봉오, 「20대 여대생 AI '이루다', 활동 중단… '혐오 논란' 사과」, 《동아일보》. (2021.1.11.).

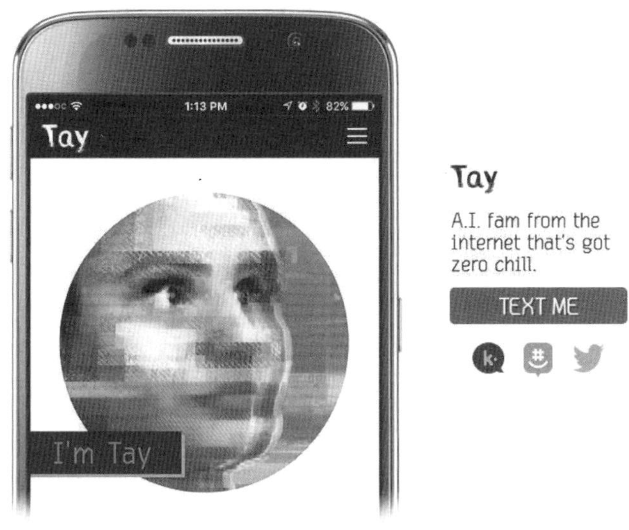

MS의 AI 챗봇 '테이(Tay)' 화면 캡쳐, 출처: 테이 웹페이지(https://www.claude.ai)

구글이 2020년 AI 윤리팀 공동 리더였던 팀닛 게브루 박사를 해고했다. 그가 구글 AI 기술의 성별·인종적 편향 문제와 환경 비용 문제를 지적한 논문을 발표하려 했지만 내부 검열과 압박에 직면했다. 결과적으로 구글은 AI 윤리에 대한 기업 내 반성과 외부 비판을 모두 외면했다는 비판을 받았다. 구글 직원들이 "윤리는 마케팅 수단이 아니라 행동이어야 한다"고 외쳤고 회사의 결정을 비판하는 탄원서에 구글 직원 약 1,200명과 학계, 시민사회 인사 약 1,500명이 서명했다.

그러나 이들의 목소리는 거대 기술기업의 상업 논리에 쉽게 묻혔다. 구글 AI 팀의 부서장인 제프 딘이 성명을 통해 게브루가 해고된게 아니라 사직했다고 반박했으며, 그가 논문에 그간 구글이 자사 AI 기술에서 편향을 줄이려고 기울인 노력을 충분히 언급하지 않았다고 비판했다.[9]

　ESG 차원에서 보면 구글 사례는 '사회(Social)' 영역에서 심각하게 문제를 일으킨 셈이다. ESG가 기업 명성의 포장지로만 작동할 때 기술은 더 깊은 불신을 초래한다. ESG는 기업의 지속가능성뿐만 아니라 사회적 신뢰를 재구성하는 핵심이다. 당연히 AI 기업에도 적용된다.

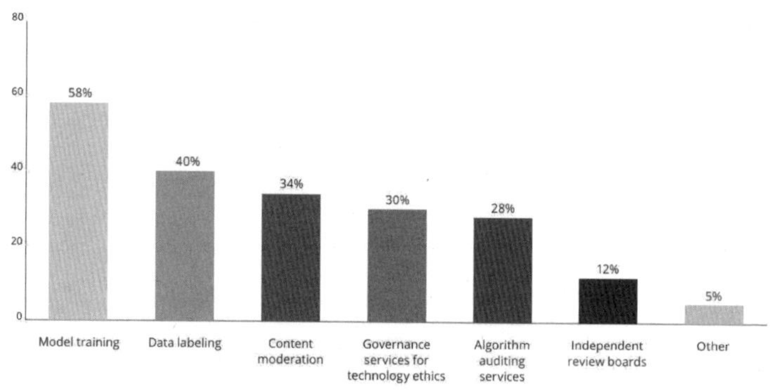

1,848개 기업 중 58%가 AI 모델 학습에 투자하는 반면, 기술 윤리를 위한 거버넌스 투자는 30%에 그쳤다. '2024년 기술 신뢰와 윤리 연례 보고서' ⓒ딜로이트

　딜로이트의 '2024년 기술 신뢰와 윤리 연례 보고서' 따르면 기

9　이영섭 「구글, 상부 비판한 AI전문가 '부당해고' 논란…직원 집단항의」, 《연합뉴스》, 2020.12.6.

업의 AI 도입이 급격히 증가하고 있다. 딜로이트가 2024년 전 세계 1,848개의 비즈니스 및 기술 전문 기업을 대상으로 61개 문항으로 구성된 설문조사를 실시했다. 설문 조사는 조직이 신기술에 대해 윤리적 원칙을 얼마나 중요하게 여기는지, 생성형 AI가 윤리적 기술 학습 및 조직 내 프로세스 변화에 어떤 영향을 미쳤는지, 그리고 조직이 윤리적인 기술 사용과 개발을 위해 어떤 실천 방안을 도입하고 있는지를 다루었다.[10]

조사 결과, 1,848개 기업 중 기업의 87%가 최근 1년간 AI를 활용(도입 포함)을 늘린 것으로 나타났다. 조직 운영 프로세스를 간소화하고 비용과 노력을 절감하는 등 내부적으로 AI를 활용하고 있는 기업이 78%(전년 대비 20% 증가), 고객 참여 및 마케팅 등 외부 고객을 대상으로 하는 업무에 AI를 활용하는 기업이 47%(전년 대비 52% 증가)로 나타났다. 하지만 전체 응답 기업의 64%가 AI 등 신기술에 관한 독립된 윤리 기준을 명확히 가지고 있지 않은 것으로 나타났다. 또한 58%가 AI 모델 학습에 투자하는 반면, 기술 윤리를 위한 거버넌스 투자는 30%에 그치는 등 빠른 AI 기술 도입 속도에 비해 거버넌스 체계가 미흡한 것으로 나타났다.[11]

---

10 Deloitte, 「State of Ethics andTrust in TechnologyAnnual reportThird edition」,《Deloitte》, 2024.
11 위의 글.

'안전과 보안'이 가장 중요한 윤리 기준으로 꼽혔으며 전년 대비 37% 증가한 78%의 응답자가 지지했다. 세부적으로는 개인정보 보호가 가장 큰 우려 사항으로 나타났으며 전체 응답자의 72%가 이를 지적했다. 또한 기업들은 투명성 문제(47%)와 데이터 출처의 신뢰성(40%)에 대해서도 높은 관심을 보였다. 지식재산권 문제(37%)와 AI 시스템의 편향성 및 오류(32%) 역시 주요 우려 사항으로 지적되었다.

기업들은 윤리 기준 미준수 시 발생할 수 있는 가장 큰 리스크로 기업의 평판 손상(82%)을 꼽았으며 재무적 손실(66%)과 규제 처벌(60%)이 그 뒤를 이었다. 보고서는 장기적 관점에서 윤리적 위험 관리가 기업의 지속가능성과 직결된다는 인식이 확산하고 있다고 강조했다.[12]

하지만 AI를 포함한 ESG 실천은 결국 기업의 명성 관리 이상의 것, 즉 사회적 계약의 이행이다. 즉, '윤리 강령'이 아니라 '윤리 구조'를 구축해야 한다. 윤리 구조란 단순히 선언적인 '윤리 강령' 즉, 지켜야 할 윤리를 나열한 문서 수준을 넘어서는, 제도적·절차적 기반을 의미한다고 볼 수 있다.[13] 유럽 위원회가 2020년에 발간한 'AI

---

12 위의 글.

13 Jobin, A., Ienca, M. & Vayena, E. 「The global landscape of AI ethics guidelines」, 『Nat Mach Intell』, 1, 2019, p. 389–399, https://doi.org/10.1038/s42256-019-0088-2.

백서: 우수성과 신뢰에 관한 유럽적 접근 방식'에서도 AI의 신뢰성을 담보하기 위해서는 법률·감독·책임소재의 구조적 틀이 필요하다고 명시하고 "연성법"을 넘어 더 나아가 윤리 규범을 법제화하여야 한다고 강조한다.[14]

인간이 만든 기술이 인간을 넘어설 때 우리는 다시금 인간의 의미를 묻지 않을 수 없다. 생성형 AI의 급속한 확산은 새로운 가능성을 열었지만, 동시에 윤리적·사회적 위험을 동반하고 있다. 이 기술이 인간성과 사회에 위해를 가하지 않으면서 발전하기 위해서는 명확한 윤리적·사회적 원칙에 기반한 거버넌스가 필수적이다.

현재 AI 거버넌스 어디까지 왔나

AI 기술의 발전과 함께 'AI의 윤리적 개발과 활용' 역시 국제사회의 주요 의제가 되어 왔으며 유엔, OECD 등 국제기구가 여러 권고와 지침을 개발하고, 정부, 기업, 연구 기관 등 여러 주체가 다양한

---

14   European Commission, 「White Paper on Artificial Intelligence - A European approach to excellence and trust」, 《European Commission》, 202.2.19.
https://commission.europa.eu/system/files/2020-02/commission-white-paper-artificial-intelligence-feb2020_en.pdf

AI 윤리 원칙을 발표하고 있다. 유엔 인권 최고 대표가 AI의 심각한 인권 위협을 경고하며 판매·사용에 대해 유예를 촉구하기도 했다.[15]

AI 거버넌스는 크게 세 단계로 발전해 왔다.

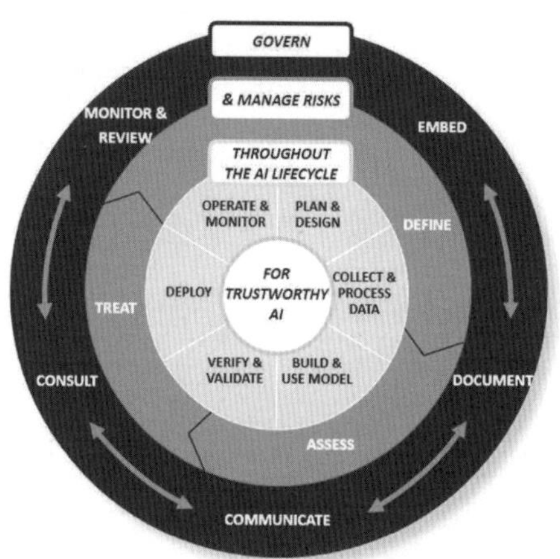

OECD의 고수준 인공지능(AI) 리스크 관리 상호운용성 프레임워크: 신뢰할 수 있는 AI를 위한 생애주기 전반의 리스크 거버넌스 및 관리 ©OECD

2017년부터 2019년까지는 AI 윤리에 대한 관심이 본격적으로 확산한 시기였다. OECD를 비롯해 여러 국제기구와 기업, 학계가 모여 '원칙'을 세우는 데 집중했다. 이때 만들어진 OECD AI 원칙(2019년)은 인간 중심성, 공정성, 투명성, 안전성, 책임성을 핵심 가

---

15 박병수, 「유엔 인권최고대표 "AI 인권침해 대책마련 때까지 판매 중지해야"」,《한 겨레》, 2021.9.16.

치로 제시했다.[16] 다만 이 시기의 논의는 어디까지나 선언적이었다. 구체적인 규제나 법적 구속력보다는 이상적인 방향을 공유하는 데 의미가 있었다.

2020년부터 2022년까지는 상황이 조금 달라졌다. AI 기술이 사회 전반에 퍼지면서 실제 문제들이 표면화하였고 단순한 원칙을 넘어 제도화 논의가 본격화한다. EU 집행위원회가 2021년 4월 21일 'AI 법안(AI Act)' 초안을 발표했다. 법안은 AI를 위험 수준별로 나누어 고위험군에는 강력한 규제를 적용하는 방식이다. 주요 내용은 AI 애플리케이션으로 발생할 수 있는 위험 방지, 허용할 수 없는 위험을 발생시키는 AI의 관행 금지, 고위험 AI 애플리케이션 목록 분류 및 구체적인 요건 설정, 고위험 애플리케이션 개발·배포·제공 주체의 의무 명시, 특정 AI 시스템 시장 출시 전 적합성평가 요구, 특정 AI 시스템 시장 출시 후 안전 관리 감독 준비, EU 및 회원국별 거버넌스 구조 확립 등이다.[17]

2022년 미국 백악관 과학기술정책실(OSTP)이 'AI 권리장전(Blueprint for an AI Bill of Rights)'이라는 흥미로운 제목의 가이

---

16 엄지현, 「사회에 많은 기회와 도전 제기하는 AI, 중요한 것은 신뢰할 수 있는 시스템」, 『OECD AI 거버넌스 작업반(WPAIGO) 논의 동향』, 2023년7월호, KDI, 2023. 48-50쪽.
17 EU 집행위원회(2024.8.1.)
https://ec.europa.eu/commission/presscorner/detail/en/ip_24_4123

드라인을 발표했다.[18]

헌법적 권리 선언을 연상케 하는 '권리장전'이라는 명칭은 기술 규범이 더 이상 기업 윤리 수준에 머물 수 없으며 모든 시민이 누려야 할 권리로 제도화하여야 한다는 강력한 메시지를 내포한다.

'AI 권리장전'은 인공지능 시스템의 사용과 관련하여 개인이 보장받아야 할 다섯 가지 핵심 권리를 제시한다.

첫째, 안전하고 효과적인 시스템(Safe and Effective Systems) : 누구나 위험하거나 비효율적인 시스템으로부터 보호받을 권리가 있다.

둘째, 알고리즘에 의한 차별로부터의 보호(Algorithmic Discrimination Protections) : 알고리즘에 의한 차별 없이 공정한 시스템을 이용할 수 있어야 하며, 이는 자동화 기술이 특정 집단에게 불리하게 작용하지 않아야 함을 의미한다.

셋째, 데이터 보호(Data Privacy) : 데이터 보호를 통해 개인은 자신의 데이터가 어떻게 사용되는지 알 수 있어야 하며, 그 남용을 막기 위한 기본적인 안전장치가 마련되어야 한다.

넷째, 공지와 설명(Notice and Explanation) : 자동 시스템이 사용되고 있다는 사실을 명확히 통지받고, 그 시스템이 자신에게 어떤

---

18 민영경, 「바이든 대통령, 'AI 권리장전' 발표」,《한국과학창의재단》, 2022.10.4.
https://www.kosac.re.kr/menus/248/boards/459/posts/37843?brdType=R&thisPage=1&bbIdx=37843&brdCodeValue=&searchField=&searchText=

영향을 미치는지 이해할 수 있어야 한다.

다섯째, 인간 대체, 고려 사항, 대비책(Human Alternatives, Consideration and Fallback) : 사용자(혹은 창작자)는 AI 시스템 대신 인간의 판단을 선택할 수 있어야 하며, 시스템에 문제가 발생했을 때 이를 해결할 수 있는 대안과 절차에 접근할 권리를 가져야 한다. 이처럼 'AI 권리장전'은 기술 발전 속에서도 인간의 권리와 존엄성을 보호하기 위한 기본 원칙을 담고 있다.[19]

이러한 원칙은 기술이 '무엇을 할 수 있는가?'가 아니라 인간이 '어떻게 대우받아야 하는가?'를 중심에 둔다는 점에서 기존의 AI 규범과 다르다. 미국의 'AI 권리장전'은 '인간의 권리' 자체를 중심으로 문제를 재구성한다. 즉, 기술의 위험성이나 활용 범위에 따라 규율하는 것이 아니라 모든 기술이 인간의 기본권을 해치지 않도록 통제되어야 한다는, 보다 규범적이고 진보적인 방향성을 취하고 있다.[20]

미국 내 여러 정부 기관과 기술기업이 권리장전을 실제 설계와 운영에 반영하도록 독려받고 있으며 교육, 금융, 공공복지 등 분야에서 실제 적용사례가 나오고 있다. 하지만 일부 전문가는 AI 권리

---

19 한국과학창의재단 번역 참조, 원문 「Blueprint for an AI Bill of Rights」, 《White House Office of Science and Technology Policy (OSTP)》, 2022.10. https://bidenwhitehouse.archives.gov/ostp/ai-bill-of-rights/
20 앞의 글.

장전에 대해 "이 빠진 계획"이라 비판하며 "더 강력한 AI 규제가 필요하다"고 주장하고 있다. 러셀 왈드 미국 스탠포드 인간중심AI연구소 정책국장은 "AI 권리장전에는 강제성과 세부 사항이 부족하다"고 지적하였으며, 마크 로텐버그 미국 AI·디지털정책센터 소장 역시 "미국도 EU와 같은 수준의 규제를 도입해야 한다"고 피력했다. 'AI 권리장전'이 사회적·정치적 토대를 갖춘 '미래의 헌장'으로 기능하기 위해서는 법제화가 필요하다는 의견이 많다.[21][22]

2023년 이후 생성형 AI의 급속한 발전은 거버넌스 논의를 더욱 가속했다. 2023년 미국의 바이든 전 대통령이 '제14110호: 안전하고 신뢰할 수 있는 인공지능 개발 및 사용 행정명령'으로 기술기업이 사용자(혹은 창작자)들의 개인정보를 과도하게 수집하거나 무분별하게 활용하는 관행을 중단하라고 강하게 요구했다.[23][24]

---

21 Alex Engler, 「The AI Bill of Rights makes uneven progress on algorithmic protections」,《Brookings》, Nov.21.2022.

https://www.brookings.edu/articles/the-ai-bill-of-rights-makes-uneven-progress-on-algorithmic-protections/?utm_source=chatgpt.com

22 민영경, 「동향리포트: 바이든 대통령, 'AI 권리장전' 발표」, 한국과학창의재단. 2022.10.4.

23 정성호. 「IT 정조준한 바이든 행정명령…"인수 검증, 데이터수집 규제"」,《연합뉴스》, 2021.7.10.

24 AI Bill of Rights 및 행정명령 14110: 2023년 10월, 바이든 행정부 'AI 권리 장전(AI Bill of Rights)'과 '안전하고 신뢰할 수 있는 AI 개발 및 사용에 관한 행정명령 14110' 발표

GPT-4 같은 초거대 언어모델과 미드저니 같은 생성형 이미지 AI가 등장하면서 기술이 예술, 교육, 금융 등 전통적 영역을 빠르게 침범하기 시작했다. 이에 따라 규제 논의가 더욱 세밀하고 구체적인 방향으로 이동했다. 2024년 5월 EU 이사회가 AI 법안을 최종 승인하면서 세계 최초로 AI 법안을 마련했고 일부 예외를 제외하고 2026년 8월 전면 적용될 예정이다.[25]

미국은 도널드 트럼프 대통령이 기술 중심 기업의 요구를 반영하여 취임 초 바이든 행정부의 AI 행정명령 제14110호를 공식적으로 폐기하는 등 AI 규제를 대폭 완화했다.[26]

해당 명령은 AI가 소비자와 노동자, 국가 안보 등에 초래할 위험을 줄이기 위해 마련된 것으로 AI 모델의 결함 및 편향성 점검을 위한 지침 마련과 상용화 전 안전성 테스트 결과를 정부에 의무적으로 보고하도록 하는 것이 골자였다. 하지만 AI 업계에서는 이 행정명령이 과도한 규제라고 비판해 왔다.[27] 미국 정부가 법제화 대신 대형 기술 중심 기업과 자율적 규제 협약을 맺으면서 안전성 확보에 나섰다는 입장과 달리 시민단체, 전문가뿐 아니라 미 의회로부터 정부가

---

25 EU 집행위원회(2024.8.1.)
　　https://ec.europa.eu/commission/presscorner/detail/en/ip_24_4123
26 연합뉴스, 「美기술기업, 'AI리더십' 트럼프 맞아 '규제→옹호' 입장 변화」, 《연합뉴스》, 2025.3.25.
27 신기림. 「트럼프, AI의 국가안보 위협 규제했던 바이든 행정명령 폐기」, 《뉴스1》, 2025.1.21.

AI의 해악으로부터 시민을 보호하기 위한 구체적인 지침을 마련하는 데 소극적이었으며[28] 새로운 규제 도입을 꺼려 왔다는 비판을 받고 있다.[29]

이 외에도 중국 역시 알고리즘과 생성형 AI 콘텐츠를 규제하는 새로운 지침을 만드는 등[30] 각국이 저마다 AI를 통제할 방법을 모색하기 시작했다.

이러한 국제사회의 흐름에 따라, 몇 년 전부터 한국 정부도 AI 관련해 여러 가지 가이드라인을 도입해 왔으며 지난 연말 일명 AI 기본법인 '인공지능 발전과 신뢰 기반 조성 등에 관한 기본법안'이 국회를 통과해, EU에 이어 한국이 전 세계에서 두 번째로 AI 법을 마련한 국가가 됐다. 또한 개인정보보호법을 개정해(2024) AI 자동화 결정에 대한 거부, 설명, 검토 요구권을 신설했으며 민관협력 AI 윤리기준을 운영하고 국가인공지능위원회를 신설하는 등 AI 규제 논의가 본격화하고 있다.[31]

---

28   Anjana Susarla, 「Biden administration executive order tackles AI risks, but lack of privacy laws limits reach」, 《The Conversation》, Nov.2.2023. https://theconversation.com/biden-administration-executive-order-tackles-ai-risks-but-lack-of-privacy-laws-limits-reach-216694?utm_source=chatgpt.com

29   전웅빈, 「규제 없는 AI, 감독없는 무법지대 연상"… 美 의회도 딜레마」, 《국민일보》, 2024.1.1.

30   박찬, 「중국, 9월부터 AI 생성 콘텐츠 표기 의무 적용」, 《AI타임스》, 2025.3.18.

31   자동화된 결정에 대한 개인정보처리자의 조치 기준

이와 같이 세계 각국은 이제 "AI가 규율되어야 한다"라는 데 대체로 동의하고 있지만, 여전히 규제 강도와 방법을 둘러싼 차이는 크다. 기술 발전 속도가 너무 빠른 탓에 거버넌스 체계는 늘 뒤쫓는 입장에 서 있다.

OECD AI 원칙, 미국 AI권리장전, EU AI Act 등 지금까지의 글로벌 AI 거버넌스 규범과 논의를 종합해 필자가 AI 거버넌스의 핵심 원칙을 다음의 네 가지로 정리했다.

AI 거버넌스의 4대 원칙

첫 번째, 인간 중심성(Human-Centric Approach)으로, AI 시스템이 인간의 존엄성과 권리를 보호하고 인간의 복리를 중심에 둔 방향으로 설계·운영되어야 한다.[32]

두 번째, 설명책임성 및 책임성(Accountability & Responsibility)으로, AI 시스템의 작동 원리와 결정 과정을 설명할 수 있어야 하며 AI 잘못된 결과에 대해 책임질 수 있어야 한다.[33]

[시행 2024. 9. 26.] [개인정보보호위원회고시 제2024-9호, 2024. 9. 26., 제정]

32　OECD AI 원칙의 첫 번째 원칙("AI should benefit people and the planet") 및 미국 AI 권리장전 전체 구조

33　EU AI Act의 고위험 시스템 사전 적합성 평가와 설명 요구, 한국 개인정보보호법 개정의 '설명요구권' 조항 등

세 번째, 공정성과 비차별(Fairness & Non-Discrimination)로, AI가 편향되거나 차별적인 결정을 내리지 않도록 설계되고 운영되어야 하며 사회적 불평등을 재생산해서는 안 된다.[34]

네 번째, 투명성과 안전성(Transparency & Safety)으로, AI 시스템의 개발과 활용 과정에서 투명한 정보 공개가 이루어져야 하며, 물리적·정신적 안전을 보장해야 한다.[35]

이러한 원칙이 실효성을 갖기 위해서는 책임 주체의 명확한 규정이 필수적이다. AI 시스템의 개발자(제작자, 공급자), 배포자 및 운영자(서비스 제공자, 사용자 혹은 창작자나 기업), 그리고 조직의 최고 책임자 또는 지정된 책임자(예: 정보보호책임자, AI 윤리책임자 등)는 각자의 역할에 따라 시스템의 설계, 운영, 감독 및 오류에 대한 설명과 책임을 분담해야 하며[36] 특히 고위험 AI 시스템의 경우에는 이들 간의 공동 책임 체계가 요구된다.[37]

---

34 미국 AI 권리장전의 "Algorithmic Discrimination Protections", OECD의 공정성 원칙 등

35 EU AI Act의 위험 분류 체계 및 안전 요구사항, OECD의 투명성 및 로버스트니스 기준 등

36 OECD, 「Advancing accountability in AI」, 349, 《OECD》, 2023. p.6.

37 EU AI Act: Chapter 2 (Obligations of providers and other parties): Article 16–29
고위험 AI 시스템과 관련된 공급자(providers), 수입자(importers), 배포자(distributors), 사용자(혹은 창작자)(users) 등 다양한 주체들에게 각기 다른 법적 책임을 부과하고 고위험 섹터에서 적합성 평가, 리스크 관리, 기록 유지, 투명성 보장, 사용자(혹은 창작자) 안내 등에 있어 다중 이해관계자의 공동 참여가 필요하다.

고위험 AI 시스템(high-risk AI systems)이란 EU AI 법안에서 엄격히 규제 대상으로 특별히 분류한 AI 시스템을 의미하며 기술이 인간의 생명, 안전, 권리, 또는 중요한 사회적 기능에 중대한 영향을 미칠 수 있는 분야에 사용되는 기술이다. EU AI 법안 부록 III에서 분류하고 있는 고위험 AI 시스템을 필자가 아래와 같이 표로 정리했다.

[EU AI Act에서 제시하고 있는 고위험 AI 시스템 예시][38]

분야	고위험 AI 시스템
교육 및 직업훈련	시험 채점 시스템, 자동 면접 분석
고용·노동	채용 알고리즘, 이력서 필터링 시스템
공공 인프라	수자원·전력망 관리 시스템 등
법 집행	얼굴 인식, 예측적 치안 시스템 등
사법·민사·행정	재판 지원, 자동 판결 추천 시스템 등
신용 평가 및 금융	대출 심사 AI, 신용등급 산정 알고리즘 등
건강·의료	진단 보조 AI, 치료 계획 추천 시스템 등
사회보장	복지 수급 자격 판정 AI 등

EU AI 법안은 고위험 AI 시스템에 대해 사전 적합성 평가, 리스크 관리, 데이터 품질, 투명성, 인간 감독, 책임 주체 명확화 등 매우 엄격하고 구체적인 규제를 부과한다. 이는 AI가 사회에 미칠 수 있는 위험을 최소화하고 사용자(혹은 창작자)의 권리와 안전을 보호하

---

38 위 법규: Chapter 6. Annex I List of Union Harmonisation Legislation & Annex III High-Risk AI Systems Referred to in Article 6(2)

기 위한 조치이다.

그러나 고위험 AI 시스템에 관한 특별한 규제에도 불구하고 이 시스템이 사람의 권리와 안전에 중대한 영향을 미칠 수 있음에도 개발자·공급자·운영자 등 다양한 이해당사자가 관여하는 복잡한 공급망 구조 속에서 책임 주체가 명확히 구분되지 않거나, 법적·제도적 규제가 사전 예방보다는 사후 대응 중심으로 설계되어 있어 실질적인 통제가 어려운 한계를 드러낸다.[39]

예컨대 자동 채용 시스템이 특정 인종이나 성별을 차별했을 경우 혹은 장애인을 차별하는 경우, 알고리즘을 설계한 개발자가 책임을 져야 하는지, 이를 도입한 기업이 책임을 져야 하는지 명확하지 않다. EU AI 법안 역시 고위험 AI에 대한 적합성 평가와 문서화 의무를 규정하고 있지만 시스템이 시장에 도입된 이후의 운영·활용 단계에서 문제가 발생했을 경우 실질적인 책임 추적 및 제재가 어려운 구조로 남아 있다.[40]

AI 시스템이 자율적으로 학습하고 진화할 수 있으므로, 사전에 위험을 식별하고 예방하는 것이 중요하다. EU AI 법안은 이러한 문

---

39 Joanita Nagaba & oth, 「Does the AI Act Adequately Allocate Responsibilities along the Value Chain for High-Risk Systems?」, 《Ku Luven Univ》, 2025.1.28.

40 Ophélie Stockhem, 「Discrimination in Hiring: The Case for Alignment of the EU AI Act with EU Equality Laws」, 《Center for Democracy & Technology》, Mar.20.2023.

제를 해결하기 위해 고위험 AI 시스템에 대한 사전 적합성 평가와 지속적인 모니터링을 요구한다.[41]

규범은 선언적이고, 규제는 느리고, 기술 발전은 너무 빠르다

AI 거버넌스와 관련된 법안이나 규제가 이미 존재하는 상황에서도 규제의 미비점이나 현실적 한계로 인해 그 위험성이 여전히 존재할 수 있다. 이와 같은 기술 발전과 제도적 대응 간의 간극이 결코 가볍게 여길 문제가 아니며 그로 인해 초래될 수 있는 위험이 제기된다.

첫째, 규제의 일관성과 적용의 차이 문제이다. 원칙적으로 EU AI Act는 'Regulation'으로 법적으로 동일한 규제가 모든 EU 국가에서 적용되지만, 법의 실행과 집행 과정에서 각국의 행정적 효율성이나 자원 차이로 인해 실질적인 적용에 차이가 있을 수 있다. 실제로, EU 회원국은 AI 규제의 적용에 있어 차이를 보인다. 독일은 AI 윤리와 규제 집행에 적극적이고 프랑스는 규제에 대한 주도적인 태도를 보이지만 이탈리아는 행정 자원 부족과 법 집행의 어려움을 겪고 있다. 스웨덴은 혁신과 규제 간 균형을 추구하며 네덜란드는 규제의 유연성을 높여 혁신을 촉진하려고 하는 등 각국의 행정 효율성, 자

---

41 위의 글

원 차이에 따라 AI 규제의 실행과 법 집행에 차이가 발생하고 있으며 이는 법적 일관성 및 실효성에 영향을 미칠 수 있다.[42]

둘째, 기술 발전 속도와 규제의 격차 문제로, AI의 기술적 혁신 속도가 빠르기 때문에 기존의 규제들이 새로운 기술에 맞춰 빠르게 업데이트되지 않는 경우 구식 규제가 최신 기술을 다루기 어려운 상황이 발생할 수 있다.[43][44]

셋째, 규제의 실효성 부족 문제이다. EU AI 법안에서 법적 제재와 처벌 규정이 약하다고 볼 수는 없다. 실제로 EU AI 법안은 의무 위반 시 명확하고 강력한 처벌 조항을 두고 있다. 예를 들어, 법을 위반한 기업에게는 최대 전 세계 연간 매출의 7% 또는 3,500만 유로 중 더 큰 금액의 벌금이 부과될 수 있다. 이는 유럽연합의 일반 데이터 보호 규정(GDPR)보다도 더 강력한 수준으로 기업들이 법을 준수하도록 압박하는 효과가 있지만, 이러한 제재의 강도와 적용 범위에 대해서는 논란이 있을 수 있다

---

42   European Parliament, 「The EU's Artificial Intelligence Act: A Briefing」, 《European Parliament》, 2024.2.9.
https://www.europarl.europa.eu/thinktank/en/document/EPRS_BRI(2021)698792

43   Robyn Caplan & others, 「Algorithmic Accountability: A Primer」, 《Data & Society》, Apr.18.2018.

44   European Parliamentary Research Service(EPRS), 「Artificial Intelligence: Opportunities and Risks」, 《European Parliamentary》, 2025.4.24.

AI 시스템의 위험 등급(허용 불가, 고위험, 제한적 위험, 최소 위험)에 따라 규제와 처벌이 달라지는데, 일부 비판적인 시각에서는, 고위험 AI 시스템에 대한 규제가 도입되었음에도 불구하고 실제 시장에서 운용된 이후 문제가 발생할 경우, 책임 주체를 명확히 추적하거나 실질적인 처벌로 이어지기 어렵다는 점을 지적한다. 이는 규제의 집행과 모니터링의 현실적 한계가 존재할 수 있음을 의미한다. 즉, 사후 검토나 시스템 운용 후 책임 추적이 실제로 어렵고 규제가 실행되기까지 시간이 걸릴 수 있기 때문에 기술 발전 속도에 비해 법적 제재가 "즉각적이고 실효적인" 대응을 하지 못하는 한계가 있을 수 있다.[45][46]

넷째, AI의 투명성 부족 문제로, AI 시스템이 규제를 준수한다고 하더라도 그 작동 원리와 결정 과정이 여전히 불투명할 수 있다는 것이다. EU AI 법안에 AI 시스템의 설명책임성을 높이기 위한 규제가 있지만 각 기업이나 개발자가 이 기준을 제대로 충족하지 않는다면 여전히 '블랙박스' 문제는 해결되지 않아 투명성 부족이 신뢰를 저하시킬 수 있다.[47][48]

---

45 OECD, 『Artificial Intelligence in Society』, 《OECD》, 2019.6.11.
46 European Digital Rights (EDRi, 2021). The fundamental rights limits of the EU AI Act
47 AI Now Institute (2018-2021). Reports on AI transparency
48 European Commission, 「White Paper on AI」, 《European Commission》, 2020.2.19.

다섯째, 책임 분담의 불명확성이다. AI 시스템에 대한 규제가 존재하지만 여전히 다수의 이해당사자가 개입하는 상황에서 각자의 책임 범위가 불분명할 수 있다. 특히 시스템의 오류나 부작용이 발생했을 때, 각 주체가 책임을 피하려고 할 가능성이 여전히 존재한다.[49]

여섯째, AI 거버넌스의 규제가 지나치게 안전과 통제에 집중될 경우 혁신을 저해할 수 있다. AI 규제의 목적이 기술의 안전성을 확보하는 것과 함께 혁신을 촉진하는 균형을 유지하는 데에 있지만 과도한 규제가 산업 발전을 제한할 우려가 있다.[50]

이와 같이 AI 거버넌스의 위험을 예방하고 해결하기 위해서는 국제적 규제 일관성, 기술 발전에 대응할 수 있는 유연한 규제, 실효성 있는 법에 따른 제재와 책임 강화, AI의 투명성 및 설명 가능성 향상, 명확한 책임 규명, 그리고 혁신과 규제의 균형을 유지하는 것이

---

https://commission.europa.eu/system/files/2020-02/commission-white-paper-artificial-intelligence-feb2020_en.pdf

49 OECD, 「Advancing accountability in A.I」, OECD Digital Economy Papers No.349, 《OECD》, 2023.https://www.oecd.org/content/dam/oecd/en/publications/reports/2023/02/advancing-accountability-in-ai_753bf8c8/2448f04b-en.pdf

50 World Economic Forum, 「Global Technology Governance Report」, 「Insight Report」, World Economic Forum, 2020.12.2.
https://www.weforum.org/reports/global-technology-governance-report-2021

중요하다는 것이 필자의 의견이다. AI 기술의 안전성을 확보하면서도 혁신을 촉진하고, 사회적, 경제적, 문화적 위험을 최소화하는 데 기여할 수 있으려면 이해당사자 간 협력과 효율적인 규제 시행이 필수적이다.

그러나 제도적 장치가 존재한다고 해서 사회적 책임이 자동으로 보장되는 것은 아니다.

앞서 살펴봤듯, AI 거버넌스와 관련된 다양한 법안과 윤리 지침이 국내외적으로 제정되고 있음에도 현실의 기술 발전 속도를 따라가지 못하는 규제의 간극, 이해관계자 간의 책임 회피, 그리고 감시의 불균형 등은 여전히 근본적인 위험을 내포하고 있다. 특히 예술과 문학과 같은 인간 중심의 창조적 영역에서는 기술이 침투할수록 더욱 섬세한 가치 판단과 윤리적 기준이 요구된다.

이제 우리는 단순히 기술을 통제하는 것을 넘어, 기술이 비추는 인간성의 거울 앞에 서야 할 시점이다. 이러한 맥락에서 문학과 예술은 기술과 사회를 성찰적으로 조망하는 창이며 우리가 어떤 존재로 남기를 원하는지를 스스로 묻는 방식이기도 하다.

문학, 예술, 그리고 인간성의 재발견

프루스트는 『잃어버린 시간을 찾아서』에서 예술 덕분에 우리가 하나의 세계, 즉 우리만의 세계를 보는 대신 그 세계를 여러 개로 볼 수 있고, 수많은 독창적인 예술가가 있는 만큼 우리는 무한한 세계를 맴도는 세계보다 훨씬 더 다양한 세계를 활용할 수 있다고 표현하며 진정한 예술가는 사물을 보는 방식 자체를 변형시킨다고 말한다.[51] 하지만 AI는 사물을 '빠르게' 보고 '효율적으로' 조합할 수 있지만 그 경험을 '다르게' 보는 능력을 갖추지 못한다.

카프카는 미완성 단편인 『굴 (독일어: Der Bau)』에서 자신이 파낸 미궁 같은 굴속으로 끊임없이 몰려드는 침입자에 대한 공포를 묘사했다.[52] 카프카의 『굴』이 묘사하는 통제 불가능한 불안의 자기강화 구조는 오늘날 생성형 AI가 만들어내는 '편향의 되먹임 고리'와 닮았다. 다만 전자가 존재론적 공포를, 후자는 기술적·사회적 문제를 다룬다는 차이가 있다.

---

51 마르셀 프루스트, 『잃어버린 시간을 찾아서 제10권 갇힌 여인.2』, 김회영(역), 민음사, 2025, 113~114쪽.
"단 하나의 진정한 여행, 단 하나의 '청춘'의 샘은 새로운 풍경을 향해 가는 것이 아니라, 다른 눈을 갖고, 타자의 눈을 통해 다른 수백 명의 눈을 통해 우주를 보며, 그들 각각이 보고 그들 각각이 존재하는 수백 개의 우주를 보는 것이다."

52 카프카의 『굴』(Der Bau, 1931년 사후 출간), "But all remained the same." 실제로는 "But all remained unchanged, the—."로 뒷부분이 카프카의 연인 도라 디아만트에 의해 파괴되었고, 카프카의 유언 집행자인 막스 브로드가 마치 결말처럼 이야기를 출판하기 위해 마지막 문장을 "But all remained the same."로 수정했다. 작품 속에서 실제로는 단 한 번도 공격을 받지 않았는데도 계속해서 들려오는 소음은 화자로 하여금 미지의 위협, 적의 침투 가능성에 대한 온갖 상상을 불러일으킨다. 화자는 소음의 공포를 없애고자 자신의 모든 에너지와 주의력을 쏟지만 소음의 진원지도 원인도 찾아내지 못한 채 "모든 것이 변함없이 남아 있었다."로 끝을 맺는다.

우리가 AI를 제대로 다루지 못한다면, 결국 우리 자신이 구축한 기계적 세계에
갇히게 될지도 모른다. ⓒJohnny Gunn from Pixabay

실체 없는 위협이 내부 논리에 따라 증폭되듯 AI 역시 기존 데이터를 바탕으로 편향된 결과를 반복 생성하고 그 결과가 다시 새로운 데이터에 반영되며 시스템 안에서 편향을 더욱 강화한다. 우리가 AI를 제대로 다루지 못한다면, 결국 우리 자신이 구축한 기계적 세계에 갇히게 될지도 모른다. 예술은 그 감옥을 부수는 인간적 충동이다.

생성형 AI 시대에도 예술은 인간적 약함과 고통, 그리고 기억을 전하는 행위로 남아야 한다. 기술은 우리를 더 편리하게 만들 수 있지만 더 인간답게 만들지는 않는다.

따라서 물어야 한다. 인간이 단순한 기술 소비자가 될 것인가, 아니면 책임 있는 창조자가 될 것인가?

지금, 이 질문에 답하지 않는다면 성큼 다가오고 있는 미래가 우리를 대신해 답할 것이다. 그 답은 인간의 존엄이 아니라 기계적 효율성에 인간을 복속시킨 AI만이 존엄한 세상일지 모른다.

AI 시대의 예술로의 여정은 그 눈을 잃지 않기 위한 인간의 끊임없는 저항이 될 것이다. 눈을 잃으면 풍경도 잃고 풍경이 사라지면 인간도 사라진다.

※ 이 글은 《르몽드 디플로마티크》 2025년 5월 5일에 수록되었던 「생성형 AI 시대, 거버넌스를 다시 묻다」(이윤진)을 수정·보완한 것입니다.

8장
미래교육과 AI 디지털 교과서
| 김정희 |

*"배우기만 하고 생각하지 않으면 미혹되고,
생각하기만 하고 배우지 않으면 위태롭다."*
(學而不思則罔, 思而不學則殆)
— 논어 위정 —

미래 교육을 위해서

인류 역사에서 가르치고 배우는 장면은 고대 이래로 가장 변하지 않는 모습 중 하나다. 고대 이집트 햇볕이 들어오는 신전 안, 어린 제자들이 갈대 펜으로 파피루스에 글자를 쓰고, 교사가 옆에서 감독하는 모습과 학교 교육이 시작된 후 교실에서 교사가 설명하고 학생들이 노트에 적으며 집중하는 모습은 크게 다르지 않다. 최근 교실에서의 태블릿 사용이나 온라인 학습 등 교육 방법의 변화가 생겼다 해도 무엇인가(교육 내용) 배우고(학습자) 가르치는(교사) 교육의 형태가 변한 것은 아니다. 학습하는 능력은 인간의 고유한 능력이며 인류는 교육을 통해 발전해 왔다는 교육에 대한 믿음은 절대적이

었다. 하지만 이러한 믿음은 산업혁명과 정보혁명을 넘어 인공지능 혁명 시대를 맞이한 지금 심각한 위협을 받고 있다. 이를 직접 체감할 수 있었던 사건은 2016년 3월 알파고 쇼크였다. 구글의 인공지능 알파고와 이세돌 9단의 대국이 있기 전 알파고가 우승하리라 생각한 사람은 극히 적었다. 알파고는 내리 3번의 대국을 모두 승리했고, 모두 충격에 빠졌다. 네 번째 대국에서 이세돌 9단이 불계승하자 사람들은 이세돌 9단이 '인공지능을 이긴 유일한 인간'으로 기록될 것이라 했으나 다섯 번째 대국에서 인간의 승리는 이어지지 않았

다. 2025년 현재 인공지능은 특정 작업에서 인간의 능력을 초월했고, 생성형 AI는 텍스트, 이미지, 음악, 영상 등 창작물을 만들어 내기에 이르렀다.

챗 GPT에게 물었더니

챗 GPT에게 AI보다 인간이 우위에 있는 것이 무엇인가 물었더니 상식과 맥락 이해, 창의성과 직관, 윤리적 판단과 가치관, 자율적 목표 설정이라고 대답했다. 챗 GPT는 이렇듯 자연스럽게 대화하면서 맞춤형 대답을 해준다. 사람들은 출시된 지 3년이 채 안 된 챗 GPT에 벌써 적응하였고, 매일 챗 GPT와 대화를 나누며 위로를 받는다는 사람들도 적지 않다. 앞으로 5년에서 10년 안에는 스스로 학습하고 문제를 자율적으로 해결할 수 있는 인간 수준의 지능을 가진 AGI(Artificial General Intelligence)가 등장할 것으로 예측한다. AGI가 등장하게 되면 학습은 더 이상 인간의 고유한 능력이라 할 수 없게 된다. AGI를 넘어서는 초지능의 등장을 주장하는 이들도 있다.

그렇다면 인간의 학습은 어떻게 해야 하는 것인가. 예측 불가능한 미래를 향해 가고 있는 시점에서 교육이 할 수 있는 일은 무엇일까. 교육을 통해 발전해 왔던 인류의 역사에서 인간은 계속 주체가 될 수 있는가. 인공지능 시대에서 인간은 계속 인간다움을 유지할 수 있는가. 이 질문에 대해 정대현은 『로봇종 인간, 자연종 인간』에

서 선제적 인문학을 제안한다. 선제적 인문학은 로봇과 인간이 '로봇은 일하고 사람은 놀이한다'는 역할 분담을 통해 "인간이 계속 인간일 수 있는 구조"를 유지할 수 있다고 말한다. 이러한 역할 분담은 사람이 로봇에게 일을 뺏기는 것이 아니라 로봇이 잘 할 수 있는 자기 일에 충실하도록 돕는 것을 의미한다. 로봇은 거대한 정보 능력으로 '사람다움'의 윤리가 아름답다는 것을 볼 수 있고, 이 윤리가 추구할 만하다고 판단할 수 있어야 한다. 사람과 로봇이 사람다움의 가치를 공유하게 된다면 인공지능 시대에도 인간은 계속 인간일 수 있다. 그렇다면 미래 교육의 목표는 사람다움의 가치를 기르는 것이 된다.

나 너 우리

AI 로봇이 보편화된 미래를 그린 가즈오 이시구로의 소설 『클라라와 태양』에도 교과서가 등장한다. 소설 속 향상된 아이들은 화면으로 가정학습을 하고, 향상되지 않은 아이는 교과서로 공부하는데, 교과서는 교사의 존재를 전제로 한 '옛 시대의 산물'로 묘사된다.

우리나라 최초의 한글 교과서는 1886년 육영공원의 교사로 부임하여 학자, 독립운동가로 활동했던 호머 헐버트가 집필한 『사민필지』이다. 세계 여러 나라의 지리를 소개하고 있는 순한글 교과서

『사민필지』가 등장하였으나 곧 일제 강점기를 맞게 되면서 우리말 교육은 금지되었다. 그럼에도 불구하고 많은 이들의 노력으로 한글은 정체성을 잃지 않았고, 해방 이후 미군정 시기부터 우리말로 된 교과서를 발행할 수 있었다.

처음 배웠던 국어 교과서를 '나 너 우리 우리나라 대한민국…'으로 기억하는 이들은 아마도 국민학교에 입학했던 경우일 것이다. 반면 '나 너 우리 아버지 어머니 아기 나 우리 가족 친구 선생님'이 생각난다면 초등학교에 입학한 경우였을 것이다. 교육 내용은 시대와 사회의 변화에 따라갈 수밖에 없고, 이에 따라 교육과정도 여러 차례 바뀌었다. 최근 우리나라 국가 교육과정은 이명박 정부의 '2009 개정 교육과정', 박근혜 정부의 '2015 개정 교육과정', 문재인 정부의 '2022 개정 교육 과정'에 이르기까지 얼핏 보기에도 정권의 변화와 함께 맞물려 개정되었다.

세계 최초 AI 디지털교과서

교육부는 2023년 2월 23일 AI 디지털 교육으로 모두를 위한 맞춤 교육을 이루어 내겠다는 내용의 '디지털 기반 교육 혁신 방안'을 발표했다. 디지털 기반 교육 혁신 방안은 학생 한 명 한 명을 소중한 인재로 키우기 위해 학생의 역량 및 학습 속도에 최적화된 학습 기회를 제공하고, 디지털 대전환에 따라 AI 등 첨단 기술을 활용한 교수·학습 방법 혁신을 통해 '모두를 위한 맞춤 교육'을 구현한다는 내용을 담고 있다.

구체적으로는 AI 디지털 교과서 도입, 교원 디지털 역량 강화, 디지털 기술을 활용한 다양한 수업 모델 개발, 교육청 협업 체계 구축 및 디지털 선도학교 운영, 디지털 인프라를 확충하겠다는 내용이었다.

교육부는 AI 디지털 교과서 도입과 관련하여, 2025년 초등학교 3·4학년, 중학교 1학년, 고등학교 공통· 일반 선택과목에서 시작하여 단계적으로 2026년에 초등학교 5·6학년, 중학교 2학년, 2027년 중학교 3학년까지 전면 시행할 계획이다. 2025년 현재 초등학교 3·4학년, 중학교 1학년, 고등학교 공통· 일반 선택과목에서 수학, 영어, 정보 교과에 시행 중이다. 또한, 디지털 기술을 기반으로 수업 혁신을 선도하는 교사 그룹을 선발하여 집중 연수하고, AI 디지털 교과서 적용 대상 교원을 대상으로 연수를 실시하여 디지털 기술을 활용한 다양한 수업 모델을 개발하기로 했다. 디지털 교육 지원센터를 운영하고 현장에서 쉽게 적용할 수 있는 다양한 교수 학습 모델 개발을 보급하며, 학생들의 디지털 기기 과몰입과 의존을 방지하는 방안을 마련한다는 것이다. 교육청과 협업 체계를 구축하여 디지털 선도학교를 운영하며, 디지털 인프라 확충을 위해 AI 디지털 교과서 도입을 위한 디지털 기기 확보와 학교 유·무선망 점검 및 보강을 하기로 했다. 교육부 정책 브리핑 (2023.2.23.)을 보면 '인공지능 디지털 교과서가 3년에 걸쳐 단계적으로 현장에 적용될 예정임을 고려

해 인공지능 디지털 교과서 적용 대상 교원에 대해서 2024년까지 40%, 2025년까지 70%, 2026년까지 100% 연수를 마친다'라고 되어 있다.

지난 정부에서 교육과정 개정은 없었으나 '디지털 기반 교육 혁신 방안' 정책은 교육과정 개정에 필적할 인공지능 디지털 교과서(AIDT) 문제를 던져 주었다.

언론에는 '세계 최초 AI 디지털 교과서'로 알려졌는데, 디지털 교과서를 사용하는 다른 나라들도 있지만, 국가 차원에서 일괄적으로 모든 학생에게 도입하는 것은 처음이라는 이유 때문이었다. 교육부는 정책 발표 시점에서 불과 2년 뒤인 2025년부터 디지털 교과서를 도입하겠다고 했고, 현재 시행되는 중이다.

현재 AI 디지털 교과서를 교육자료로 규정한 "초·중등교육법" 개정안이 국회 본회의를 통과했고, 교육 현장에서 디지털 교과서 사용 여부는 불분명해졌다. 그동안 막대한 비용을 들여 디지털 교과서를 개발한 업체들은 정부를 상대로 소송하기에 이르렀다.

이렇게 된 이유를 정권의 변화에서 찾는 사람들도 있지만, 보다 근본적인 이유는 디지털 교과서 도입이 사회적 합의나 충분한 준비 없이 실행되었기 때문이다.

교육정책은 현재적 성격을 띠는 다른 정책과 달리 미래의 시간을 포함하고 있기 때문에 사회적 합의는 절대적이다. 핀란드의 예를 보면 사회적 합의가 중요한 이유가 분명해진다.

핀란드는 2014 국가 핵심 교육과정 개정을 준비하면서 수많은 교육 주체의 의견을 수렴하였습니다. 특히 6만 명의 학생이 참여한 대규모 설문조사와 면담을 통해 기존 교육과정을 평가하고 새로운 방향을 설정하려는 노력을 진행하였습니다. 핀란드 인구가 약 550만 명이라는 사실을 떠올린다면, 그들의 노력이 어디에 집중되어 있는지 알 수 있습니다. 〈중략〉

더욱 놀라운 것은, 핀란드에서는 국가교육 과정이 국무회의 법령으로 규정되어 있다는 것입니다. 핀란드는 국가 교육목표와 기본 교육의 교과 시수 배분에 대해 국무회의 의결을 거칩니다. 2014 교육과정 개정은 2012년 6월 28일 국무회의 의결을 시작으로 공식적인 절차가 시작되었습니다.

이광호, '핀란드 교육과정, 어떻게 만들어지는가?' 국가교육회의 자료집 서문, 2021

모두를 위한 맞춤 교육이란 환상

지난 정부의 교육부는 AI 디지털 교과서를 '모든 학생이 자신의 역량과 속도에 맞게 공부할 수 있도록 하는 맞춤 학습 지원 도구'이자 '똑똑한 보조교사'로 표현하고 있다. 학생들은 기본적인 개념을 AI 디지털 교과서의 수준별 지원을 통해 학습한 후, 개념에 대한 이해를 바탕으로 수업 설계 전문가인 교사가 설계한 토론, 협력, 프로젝트 학습 등을 하게 된다. 이로써 학생들은 창의성, 인성, 협업 능력 등 핵심 미래 역량을 키워 나갈 수 있을 것으로 기대한다. 교사들에게는 학생들이 고차원적 역량을 키울 수 있도록 수업을 설계함과 동시에 학생의 사회 정서를 지도하는 멘토이자 코치, 학습 디자이너로서의 역할이 강화된다. 한마디로 지식, 개념 교육은 AI 교과서에 맡기고 교사는 인성교육을 담당하게 한다는 내용이다.

교육부에서 논의하는 AI 디지털 교과서의 장점은 학생의 학습 데이터를 분석해 수준에 맞는 콘텐츠를 제공하고 개별 학습 진도에 따라 자동으로 학습 계획을 조정할 수 있다는 것이다. 또 다른 장점으로는 인터랙티브 콘텐츠 영상, 3D 모델 등을 활용하여 학생의 학습 이해도를 증가시킬 수 있고, 실시간 피드백으로 학습 성취도를 높일 수 있으며 장소와 시간 제약 없이 학습할 수 있어 언제 어디서든 공부할 수 있고 반복 학습이 쉬워서 학습효과 향상이 가능하다는 점을 들 수 있다. 한편으로는 AI가 채점과 학습 피드백을 자동으로 제공함으로써 교사들의 업무 부담을 감소시켜 개별 학생 지도에 집중할 수 있도록 만든다는 것이다.

과연 AI 디지털 교과서가 '모든 학생이 자신의 역량과 속도에 맞게 공부할 수 있도록 하는 맞춤 학습 지원 도구'이자 '똑똑한 보조교사'라고 할 수 있는가.

모든 학습은 일정한 시간과 의도적인 노력이 필요하다. 학생의 학습하는 방식이 달라지지 않았는데 갑자기 새로운 학습 도구를 사용하게 하고 당장의 효과를 기대하는 것은 무리다.

앞으로 새로운 형태의 교과서가 가져올 학습 양식의 변화에 관한 연구를 통해 효과적으로 학습 방식을 변화시키는 방법을 찾는 일이 필요하다.

또한 디지털 환경 시스템에 대한 철저한 대비도 요구된다.

교육부가 1,500억여 원을 들여 개발한 차세대 지방 교육 행·재정 통합 시스템 'K-에듀파인'이 개통 직후부터 먹통 사태를 빚었고, 이 사태가 상당한 기간 지속되었던 적도 있다. 학평 시스템이 접속 폭주로 마비되어 1교시 국어 문제지가 게재되지 않아, 재택 응시자들은 학력 수준을 가늠해 볼 기회를 놓친 적도 있다. 이런 문제들을 해결할 수 있는 국가적 역량을 키워야 한다.

어쩌면 해피엔딩

알파고 쇼크 이후 바둑은 이제 더 이상 희망이 없다고 생각한 사람들이 많았다. 그런데 2025년 강연에서 이세돌 9단은 알파고 쇼크 이후 프로바둑이 비약적으로 성장했다고 발표했다. 프로바둑기사들이 인공지능을 활용해 새 전략을 구상할 수 있었고, 선수들의 유입이 늘어 바둑계는 오히려 발전했다는 것이다. 이세돌 9단은 "AI는 누구나 쓸 수 있는 평등한 도구지만 선수별 활용 능력 차이가 실력 차이를 더 크게 만들어 버린 겁니다."라고 말한다. 이세돌 9단의 말대로 AI 디지털 교과서를 통해 우리의 교육이 비약적으로 성장할 수도 있을 것이다.

하지만 'AI는 누구나 쓸 수 있는 평등한 도구지만 학생별 활용 능력 차이가 실력 차이를 더 크게 만들어 버릴 것'이고 이것이 교육격

차로 이어진다는 점을 기억해야 한다. 결국 AI를 활용한 교육은 교육격차와 같은 사회적 차원에서의 문제해결이 우선되어야 한다. 또한 AI를 활용한 교육과 AI 역량 확보는 별개의 차원에서 이루어져야 한다. 미래 AI 인재를 육성하기 위해서는 국가 차원의 제도적 기반, 지원책이 필요하다는 점에서는 동의한다. 하지만 학교에서 현재 통용되는 AI로 수업한다고 해서 AI 기술 발전이 이루어질 것이라고는 생각하지 않는다. 정답이 있는 모든 문제는 AI가 더 잘 해결할 것이다. 우리는 정답이 없는 문제들을 해결할 수 있는 능력을 키울 수 있도록 교육하는 방법을 마련해야 한다.

9장
AI세의 문화 별곡

| 최양국 |

"나를 감싸고 있는 밤은
온통 칠흑 같은 암흑
억누를 수 없는 내 영혼에
신들이 무슨 일을 벌일지라도 감사한다.
(중략)
문이 얼마나 좁은지
아무리 많은 형벌이 날 기다릴지라도 중요치 않다.
나는 내 운명의 주인
나는 내 영혼의 선장"
—Invictus(1888년), 윌리엄 어니스트 헨리(W.E.Henley) —

버려진 과거가 신들의 유희로 덮여간다. 찾아온 현재는 운명의 나무로 자라난다. 운명을 경계하는 가지가 소리를 높이며 하늘로 향한다. 공통으로 가져가는 행동 양식, 사고방식이 가지와 부딪치며 흔들린다. 줄기는 흔들림을 침묵으로 성찰하며 땅의 노래를 부른다. 운명의 나무는 빛과 그늘을 향한 진화 게임을 하며, 문화의 꿈을 그린다. 가지와 줄기가 플랫폼 문화~지체 문화~대리 문화로 채색된다. 자라나며 흔들리는 문화는 음, 운율과 산문으로 한강의 문화 별곡을 짓는다.

AI세와 / GPT 주도 / 흔들리는 / 문화 지형

가빠진 비바람의 호흡으로 계절이 익어간다. 가지 끝에서 하늘을 업신여기며 나팔 부는 듯한 주황색의 꽃이 눈을 뜬다. 허공과 바닥을 물들인 꽃들은 계절을 파편화시키며 오만과 편견을 흩뜨린다. 능소화. 시간이 흐르고 쌓여가며 절대자를 향한 흔적을 남긴다. 지구는 흙, 인간, 그리고 데이터로 퇴적되어 간다.

물, 불, 공기, 그리고 흙. '흙'이 나누는 지나간 지구의 얘기. 지구는 생성된 이후 시간의 흐름에 따른, 지질로 대표되는 역사를 갖는다. 이러한 지질 시대(Geological time)는 지구의 역사를 누대(eon)~대(era)~기(period)~세(epoch)~절(age)로 구분한다. 우리는 현생누대의 신생대를 걷고 있다. 신생대의 경우 약 6,500만 년 전 공룡 멸종 이후부터 약 200만 년 전까지를 제3기, 그 후부터 현재까지를 제4기로 부른다. 지구 전체 역사로 보았을 때 아주 짧은 제4기는 다시 플라이스토세(Pleistocene)를 거쳐 홀로세(Holocene)로 이어진다. 지금의 지질시대는 약 1만 1,700년 전 플라이스토세 빙하기가 끝난 이후의 신생대 제4기 홀로세다. 즉, 우리는 지금 '현생누대~신생대~4기~홀로세~메갈라야절(Meghalayan age)'의 한 점으로 살고 있다. 현재의 공식 지질시대인 홀로세는 빙하기 이후 지금까지의 비교적 따뜻한 시기를 말하며, 1만 년가량의 시간에 해당한다. 홀로세는 '전부'를 뜻하는 그리스어 'Holos'와 '시대'를 의미하는 'cene'를 합친 단어로서, '완전히 새로운 시대'를 의미한다. 모든 것이 새롭다는 것은 기억의 침묵 속에서 원형(原型)이 다른 빛으로 깨어나는 것이다.

지구와 홀로세(Holocene) ⓒ Pixabay

홀로세는 지구의 역사에서 자연 중심적이며 반복되는 조감적 원형을 중시하는 '화이트 스완'(White Swan)형 지질 시대이다. 구성 인자들은 각 개체의 고유 생태계를 인정하고 침범하지 않는다. 무지에 대한 두려움은 자연과 절대자에 대한 경외로 나타난다. '전부'의 관점에서 전체 집합 내의 부분 집합적인 유한한 삶을 추구한다. 시간은 점으로 퇴적되며 그들의 겸손한 흔적으로 되돌아온다.

　홀로세가 떠나간 자리에 '살아있는 흙'이 나타난다. '인간'을 뜻하는 라틴어 'Homo'(호모)는 '살아있는 흙'을 뜻하는 'Humus'(후무스)에서 온 것이다. 인간이 들어선다. '인류(anthropos)'와 '시대(cene)'의 합성어인 인류세(Anthropocene)는 인류로 인해 만들어진 지질 시대라는 의미로써, 노벨화학상 수상자인 네덜란드 대기 화학자 파울 크뤼천(Paul Jozef Crutzen, 1933년~2021년)이 2,000년에 제안한 개념이다. 그는 과도한 산업화로 인한 온실가스 배출과 핵 개발로 생성되는 방사성 물질 등으로, 지구환경이 현재의 홀로세와 크게 다른 새로운 지질시대에 들어섰다며 이를 인류세로 부르자고 주장한다. 즉, 인류세는 지금의 홀로세 이후의 지질 시대를 가리키는 것이다. 새로운 지질 시대를 정하고 명명하는 과정에 대한 보수성과 객관화 부족 및 정치·윤리적 부담감 등 따른 다수의 반대로, 인류세의 공식 비준은 아직 이루어지지 않고 있다. 그러나 공식 비준이나 전통적 지질시대 인식 기준인 퇴적 지층의 양적인 깊이와 상관없이, 우리는 질적인 영향 측면에서 새로운 지질 시대를 만들며 살아가고 있다. 인류세는 홀로세 등 기존의 층서(Stratigraphy) 명명과는 달리 기본적인 지질학적 특성 외에 인간의 진화에 따른 인류 주도적 활동의 폭과 넓이가 복합적으로 반영된 결괏값이다. 인류세는 지구의 역사에서 인간 중심적이며 가속적 성장을 중시하는 '회색 코뿔소'(Gray Rhino)형 지질 시대이다. 구성 인자들은 각 개체의 고유 생태계를 부정하고 침범한다. 무지에 대한 두려움이 얇아지며 자연과 절대자를 향한 도전을 즐긴다. '전체화'의 관점에서 부분 집합을 벗어나 전체 집합으로 무한 확장하는 삶을 그린다. 홀로세를 떠난 시간이 선으로 이어지며 그들의 오만한 흔적을 과시한다.

살아있는 흙의 에너지가 자유로이 흘러넘친다. 에너지의 자유도에 밀려 넘어진 인류세가 쌓인 지층을 휴대전화와 PC가 바라본다. 데이터가 새롭게 태어난다. 어느샌가 성큼 일어서며, 거대한 데이터 기행을 한다. 데이터는 진격의 거인이 되어, 휴대전화와 PC를 지배한다. 데이터는 동반자인 인공지능(AI, Artificial Intelligence)을 부른다.

인간과 인공지능(AI, Artificial Intelligence)

인공지능은 자료를 기반으로 디지털 알고리즘을 통해 학습하고 추론하며, 그 축적물을 정보화하여 인식 창출을 위한 주도적 의사결정·조정을 하기 위해 데이터와 손을 잡는다. 데이터의 가락에 맞추어 인공지능이 춤을 춘다. 데이터와 인공지능은 인간 감성과 이성을 모방하고 통제하는 유기체적 플랫폼으로 전이하며 새로운 지질 시대를 열어 간다. 인공지능세(AIcene)는 '인공지능(AI)'과 '시대 (cene)'의 합성어로써, 인공지능으로 빚어진 지질 시대라는 의미이 다. 이는 지구의 역사에서 인공지능 중심적이며 신적 지위를 초월하 여 무한 욕망 충족으로 향하는 '블랙 스완'(Black Swan)형 지질 시 대이다. 자연과 인간의 지구 구성 인자들은 데이터화된 대상으로 재 창조되어, 인공지능의 생태계에 흡수되며 알고리즘을 통해 시스템 화된다. 호모 사피엔스 적 특성과 무지에 대한 두려움은 사라지며, 절대자의 지위를 향한 끝없는 도전만을 추구한다. '전제화'의 관점 에서 전체 집합의 크기를 가감 혼합하며, 자연과 인간은 그의 하위 부분 집합으로 자족하며 함께한다. 홀로세와 인류세를 떠난 시간은 면으로 쌓여가며 그들의 고독한 흔적을 던진다.

'창백한 푸른 점'(Pale Blue Dot)의 먼지들이 지층에 쌓여간 다. 인공지능의 바다와 만난다. 인공지능은 인간의 다양한 언어 를 바탕으로 지능을 모방하며, 학습~추론~인식을 통한 문제해결 을 추구한다. 이를 위해 인공지능의 두뇌 역할을 하는 '대형언어모 델'(LLM, Large Language Model)을 활용한다. 현재 인공지능 시 장을 주도하는 LLM은 OpenAI의 GPT(Generative Pre-trained Transformer). 인공지능은 GPT의 정('G')~반('P')~합('T') 옷을 입 고 호모 사피엔스의 탄생~사회화~진화의 전철을 밟으며, '창백한 푸른 점'의 초거대 블루 오션을 지배해 간다. GPT를 통한 인공지능 의 진격은 무소불위의 기행을 하며, 정치·경제·사회와 더불어 문화의 지형을 흔들고 있다. 운명적인 AI세의 시대에 우리가 공통으로 가지는 행동 양식, 사고방식이 추구할 가치를 찾아가는 길. 요동치며 흔들리는 문화를 음악, 시와 자유글에서 문화 별곡으로 만난다.

AI세 / '플랫폼 문화' / '회복탄력성' / 합창 송가(頌歌)

인류세를 향한 절규가 AI세의 노래로 바뀐 무대. 빨간 스카프를 한 채, 환희에 찬 불멸의 음악을 듣고 있는 베토벤(Ludwig van Beethoven, 1770년~1827년). 그가 작곡한 아홉 번째 교향곡이자 마지막 교향곡인 제9번 '합창'은 공식적으로는《교향곡 제9번 라단조, 작품 번호 125》(1824년)이다.

그가 청력을 거의 잃은 상태에서 쓴, 노래와 합창을 수반한 교향곡으로 총 4개의 악장으로 구성되어 있다. 기악(오케스트라)에 성악(남녀 혼성합창단+4명 남녀독창자)을 어우러지게 한 최초의 교향곡이다. 제1악장(Allegro ma non troppo un poco maestoso, 빠르게 지나치지 않게 장엄하게)~제2악장(Molto vivace, 매우 빠르게)~제3악장(Adagio molto a cantabile, 매우 느리고 노래하듯)~제4악장(Finale-Allegro Assai, 아주 빠르게) 중 우리에게 가장 익숙하게 다가오며 대중적으로 대표되는 악장은 제4악장일 것이다. 제4악장에 나오는 합창과 독창 때문에 '합창'(Choral)이라는 부제로 불리고 있는데, 그 가사는 대부분 프리드리히 실러(Johann Christoph

Friedrich von Schiller, 1759년~1805년)의 「환희의 송가(An die
Freude)」(1785년)에서 가져온 것이다. 이 시는 자유와 단결의 이상,
인류애를 향한 환희를 찬양하는 내용의 장엄하고 화려한 서정적 운
율로 넘쳐흐른다.

베토벤과 교향곡 9번(합창) 육필 원고 © Wikipedia

베토벤의 전기 집필자인 안톤 쉰들러(Anton Schindler, 1795년
~1864년)의 증언에 따르면, 베토벤은 이 곡을 작곡하면서 매우 힘
들어했다고 한다. 아마도 실러의 시가 갖고 있는 길고 복잡한 서정
적 내용을, 최초로 시도한 관현악단과 인간의 목소리가 접목된 교향
곡으로 작업하는 것이 쉽지 않았기 때문일 것으로 생각된다. 결국

초기 구상에서 시작하여 31년 만에 완성된 이 곡은, 베토벤의 삶에 대한 철학과 음악사상을 대표하는 최고의 곡으로 자리매김한다. 심상(心象)의 청각화. 송년 음악회의 대표곡이자 EU의 공식 국가(4악장 주제인 '환희의 주제')로 지정되어 불리고 있는 이유이기도 하다. 또한 고전주의에서 낭만주의로 넘어가는 혁신의 아이콘으로써 말러(Gustav Mahler, 1860년~1911년), 드보르작(Antonín Dvořák, 1841년~1904년), 브람스(Johannes Brahms, 1833년~1897년) 등에게 큰 영향을 미치게 된다.

'합창'은 청력 상실에 대한 절망과 음악가로서의 운명을 완성하기 위해, 육체 및 정신 질환을 극복하려고 하는 회복적 열망을 바탕으로 한다. 제1악장은 고요 속에서 점점 커져가는 음으로 확장된다. 현실에 대한 불안과 이를 극복하기 위한 노력이, 무엇인가를 갈구하는 작은 몸부림처럼 다가오다 여운을 남기며 사라져 간다. 이루지 못한 안타까움이 고조되어 커간다. 이어서 제2악장은 상당히 빠르게 진행되어, 짧지만 매우 강렬한 인상의 여운을 주며 치밀한 푸가(fuga, 하나의 선율을 한 성부가 연주한 뒤, 이후 다른 성부가 다른 음역에서 모방하는 대위법적 모방의 한 기법) 형식을 진행한다. 삶을 향한 화려한 성취와 자연을 향한 생명력의 약동을 오롯이 드러낸다. 제3악장에서는 전통적 구조의 교향곡과 다른 박자의 구성으로 인한 반전의 미를 연다. 보통 총 4악장 구조의 교향곡에서 표현되는, 느린 박자의 2악장 이후 빠른 박자의 3악장으로 이어지는 것과 반대의 순서를 밟는다. 극도로 느려지며 햇살이 낮게 비치고 안개 같은 바람도 불어온다. 제4악장의 시적 마무리를 향해, 느린 노래의 변주곡(variation, 어떤 주제를 바탕으로 하여 리듬이나 선율, 화성 등에 변형을 주어 만든 악곡)은 점점 뚜렷해지는 햇살과 바람의 건강한 호흡과 함께한다.

마무리인 제4악장은 '템페스트'(Tempest, 베토벤 피아노 소나타 17번)를 연상시키며 강렬한 도입부와 함께 더욱 강하고 빨라진다. 환희를 향한 기대와 긴장이 어우러지며 복잡한 감정으로 발전한다. 이를 위해 변주곡 외에 론도(rondo, 프랑스에서 일어난 2박자의 경쾌한 춤곡. 합창과 독창이 번갈아 되풀이되는 음악 형식), 현악기를 활용한 레치타티보(recitativo, 오페라에서 대사를 노래하듯이 말하는 형식) 풍의 가락과 성악의 형식을 빌린다. 제1악장~제3악장에서 나왔던 주요 선율들이 재현되다가 이내 사라져간다. '환희의 송가' 선율이 나오며 베토벤의 독백을 담은 가사("오 친구들이여! 이런 소리들이 아니오. 좀 더 즐겁고, 기쁨에 찬 노래를 부르자")가 바리톤을 통해 나온다. 이어서 '환희의 송가' 합창과 독창이 어우러지며 환희를 향한 송가를 마무리한다.

베토벤의 '합창'은 고요한 침묵에서 출발한다. 침묵은 몸과 마음에 대한 부정적 감정을 바라보며 변동한다. 환희의 송가는 불안과 절망으로 이어지는 부정적 감정이나 상황의 변화량보다, 이를 극복하려는 의지나 긍정 에너지의 변화량이 더 많을 때 나오는 노래다.

회복탄력성(부정적 감정이나 상황의 극복 의지나 긍정 에너지의 변화량/부정적 감정이나 상황의 변화량)으로 측정한 음표와 가락의 값이 1보다 큰 울림이다. 의지를 가장한 무지와 독단이 회색코뿔소의 등에 타고 있다. '1824년의 베토벤'은 지금의 우리에게 어떤 '합창'을 듣고 싶을까.

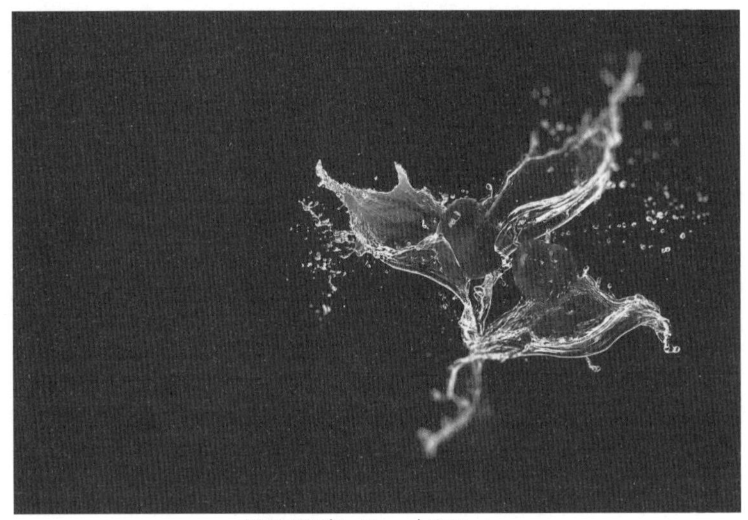
회복탄력성(Resilience) ⓒ Pixabay

　　회복탄력성은 원래의 제자리 이상으로 되돌아오는 힘으로서, 미래를 향한 긍정적 상승 역량 변화량(분자량)을 과거로의 회귀나 후퇴를 향한 변화량(분모량)으로 나눈 값이다. 공존의 사유가 수평으로 함께 하는 세계이다. 상호 불완전성을 인정하며 보완 관계 속 상생을 추구한다. 개별적 자아와 집단(국가)적 자아의 지속 가능한 진화를 위한 회복탄력성의 값은 분모량과 분자량을 결정하는 자아와 자아 간 의지와 역량의 몫이다. 이는 고통, 피, 그리고 유무형의 칼로 인한 깊은 상처를 극복하고 건강한 생명력을 추구하는 붉은색으로 대변된다. 회복탄력성과 붉은색이 수렴의 속성을 가진 블랙홀(Black hole)에서 소용돌이친다.

음악의 불협화음처럼 흔들리는 문화는 빅테크가 주도하는 알고리즘 중심의 플랫폼 문화(생산·소비·유통 측면에서 수요자와 공급자가 상호 작용을 하며 가치 창출하는 문화적 체계)로 흡수되어 간다. 이는 작동 원리의 불투명성, 정보 여과의 편향성, 목적 전치의 무책임성 및 가치 부재의 무윤리성 등에서 한계를 노출한다. 플랫폼 문화 시대에 자아의 시공간적 상실을 극복하고 정체성을 지향하는 노래가 필요한 이유이다. 우리 자아를 위한 ’합창‘이 ’회복탄력성‘(Resilience)으로 재탄생되어 AI세의 문화 별곡으로 흐른다.

’지체 문화‘ / AI세 특성 / ‘변용력’ / 운율 추구

산과 들에 물이 오르면 마음은 하늘로 이어진다. 하늘의 빛과 색이 씨줄과 날줄이 되어 천으로 짜인다. 하늘이 만든 마음의 옷을 입고 사랑을 향한다. 아일랜드 국민 시인이며 노벨문학상 수상자인 윌리엄 버틀러 예이츠(William Butler Yeats, 1865년~1939년)의 시

<하늘의 천>(Aedh/He Wishes for the Cloths of Heaven, 1899 년). 그의 초기 시를 대표하는 사랑시다.

하늘의 천 ⓒ Pixabay

"내게 금빛 은빛으로 짠
하늘의 천이 있다면
어둠과 낮과 어스름으로 수놓은
파랗고 어슴푸레하며 검은 색의 천이 있다면
그 천을 그대 발밑에 깔아드리련만
나는 가난하여 가진 것이 꿈뿐이라
내 꿈을 그대 발밑에 깔았습니다
사뿐히 밟으소서, 그대 밟는 것 내 꿈이오니."
- <하늘의 천>(Aedh/He Wishes for the Cloths of Heaven),
W.B. 예이츠 -

이 시는 8행으로 이루어진 짧은 시이다. 아일랜드 문예 부흥 운동(Irish Literary Revival)과 독립운동(Irish War of Independence)의 시공간적 접점에서, 사랑을 향한 깊은 열망의 서사를 낭만주의적 서정으로 베어낸다. 금빛과 은빛으로 짜여 빛나며 밤과 낮, 그리고 노을의 색으로 어우러져 수놓인 천. 가질 수 없는 가장 화려하고 이상적인 천은 가정의 세계에 갇혀 사랑을 감싼다. 그러다 이내 자신이 할 수 있는, 가장 가치 있는 현실적 방법인 꿈을 등장시키며 현실 속 시적 대상을 만나고자 한다. 시적 화자는 시적 대상에 대한 무조건적인 사랑을 하늘의 천과 꿈으로 대비한다. 현재 일어나고 있는 사랑의 감정을 하늘의 빛과 색, 그리고 화자의 꿈으로 상징화하며 부각하고 있다.

아일랜드의 시공간을 떠난 예이츠의 〈하늘의 천〉은 서도(西道)의 산과 들에서 진달래꽃으로 다시 피어난다. 전통적 한의 정서를 토속적 시어와 민요적 율조로 나타낸 김소월(1902년~1934년)을 상징하는 시, 〈진달래꽃〉(1922년). 4연 12행의 자유시이며, 3음보 7·5조의 민요조 형식으로 표현된다. 시적 자아에 대한 내재적 접근에 따르면, 임에 대한 사랑과 이별의 정한을 표현한 전통 서정시의 백미라 할 수 있다.

"나 보기가 역겨워
가실 때에는
말없이 고이 보내 드리우리다

영변에 약산(藥山)
진달래꽃
아름 따다 가실 길에 뿌리우리다

가시는 걸음걸음
놓인 그 꽃을
사뿐히 즈려밟고 가시옵소서

나 보기가 역겨워
가실 때에는
죽어도 아니 눈물 흘리우리다"
- 〈진달래꽃〉, 김소월 -

　〈진달래꽃〉은 형식 면에서 유사한 시어와 구절의 반복을 통해 시적 대상의 서정성을 언어로 살려낸다. 7·5조의 파도가 5·4조의 잔물결과 어우러지며 화자의 감성을 음표로 변주한다. 내용 면에서는 임에 대한 이별의 정한(情恨)과 그리움을 직접적으로 드러내지 않는다. 그것을 간접적이지만 극적으로 표현하기 위해, 설화가 어려있는 약산의 진달래꽃을 따다 뿌린다. 진달래꽃의 진분홍색이 사랑의 깊이를 대변한다면, 뿌리는 행위는 절망과 체념을 통한 슬픔의 넓이로 연결된다. 사랑의 깊이와 슬픔의 넓이는, 진달래꽃을 사뿐히 즈려밟고 가는 임에 대한 중의적 표현으로 확장된다. 그것은 시적 화자의 끝없는 사랑을 이별의 대상인 임에게 아낌없이 바치는 지극한 헌신의 채움이며, 떠날 임에 대한 원망과 한의 비움인 것이다.

　예이츠의 〈하늘의 천〉과 김소월의 〈진달래꽃〉은 23년의 시간적

틈 속에서, 유사한 모티프와 용언의 사용, 이미지 등으로 회자된다. 표절과 변용의 문제로 귀착된다. 표절이 문학이나 노래 등을 지을 때 타인의 작품 일부를 몰래 따다 쓰는 것이라면, 변용은 기존의 소재나 이야기를 새로운 방식으로 재해석하거나 변형하여 표현하는 것을 의미한다. 이는 작가가 자신의 상상력과 창의성을 통해, 원작의 내용을 변형하거나 새롭게 구성함으로써 독창적인 작품을 만들어내는 것이다. 〈하늘의 천〉과 〈진달래꽃〉이 시공간을 넘어, 사랑하는 사람의 발밑에 소중한 상징물을 깔아주며 그들의 걸음을 배려한다는 점과 가볍게 밟고 가는 움직임을 묘사한 것은 서로 비슷해 보인다. 이처럼 사랑의 감정과 더불어 사랑하는 사람에게 소중한 상징물을 헌정하며 자신의 깊은 존재 속 내면을 낮추어 드러내는 행위는, 시작(詩作)에 있어서 보편성에 해당한다. 하지만 문학 작품 창작의 기준은 보편성과 특수성의 균형에 있지 않을까?

이제 두 작품의 특수성을 알아보자. 우선 아이디어 보편성 측면에서, 두 작품 모두 사랑하는 사람을 위해 희생하거나 헌신하는 주제를 다루는데, 이는 인류 보편적 정서에 해당한다. 이어서 예이츠가 '꿈'을 발밑에 펼쳐 놓는 시각화를 상징적으로 드러내고 있는 것에 대해, 김소월은 '진달래꽃'을 뿌리는 심상화를 통해 한국 전통의 이별 정한으로 변형한다. 다음은 차용성 측면에서, 김소월이 예이츠의 시를 인지했을 가능성은 높다. 그의 스승 김억(1896년~?)의 번역 시집 『오뇌의 무도』(1921년)에 예이츠의 〈하늘의 천〉이 〈꿈〉이라는 제목으로 번역되어 있고, 〈진달래꽃〉 발표 시기도 이를 뒷받침하는 방증이 될 수 있다. 그러나 김소월의 〈진달래꽃〉은 예이츠의 〈하늘의 천〉과 다른 한국적 정서를 담아 새롭게 재해석하여 구성한 것이라는 점에서, 차용의 잣대를 들이대는 것은 적절치 않다. 마지막으로 문학적 변용 측면에서, 예이츠는 '하늘의 천'과 '꿈'을 소재로 삼고 있으나, 김소월은 '진달래꽃'이라는 한국적 자연물을 상징화하여 이별과 정한의 감정을 드러내고 있다. 이와 같이 특정 작품으로부터 받은 착상에 대한 영감을 반영하여 그만의 독창적 창의력과 상징성을 부여한 후, 새로운 문학적 맥락으로 재탄생한 특수성을 보여준다. 이러한 점에서 김소월의 〈진달래꽃〉은 예이츠의 〈하늘의 천〉을 변용한 것으로써, 보편성을 바탕으로 특수성을 살린 창작품이라 할 수 있다. 계절이 바뀌는 시샘달에 내리던 눈이 물오름달에는 비가 되어 내린다. 하늘에서 내린다는 같은 속성을 가진 자연물이지만 예이츠의 〈하늘의 천〉이 아일랜드의 눈이면, 김소월의 〈진달래꽃〉은 한국의 비다. 변용력과 진분홍색이 발산의 속성을 가진 화이트홀(White hole)에서 퍼져 나간다.

흔들리는 문화를 걸으며 비를 맞는다, 내리는 비가 AI세의 물질문화라면, 맞는 비는 문화의 지형 변화에 대응하지 못한 채 속도와 거리를 상실한 비물질문화이다. 이는 지체 문화(외부의 기술적 변화 속도나 거리를 내부의 제도나 인식, 가치 창출 주체가 대응하지 못하는 문화적 불균형 현상)를 상징한다. 아날로그 문화에서 디지로그 문화를 거쳐 디지털 문화로 전이되어 가는 과정에서 아노미(Anomie) 현상과 문화 수용력 상실을 하염없이 받아들인다. 지체 문화 시대에 예이츠와 김소월을 소환한 이유이다. 아일랜드의 눈이 아닌 한국의 비는 '변용력'(Transformability)으로 재창조되어 AI세의 문화 별곡으로 내린다.

'대리 문화' / 극복 문화 별곡 / '지혜력'의 / 한강 서사

AI세의 시대에 문화 별곡의 신화를 만들어 가는 길, 파랑새가 날아오르며 동화를 들려준다. 〈파랑새〉(L'Oiseau bleu, 1908년)는 모리스 마테를링크(Marie Bernard Maeterlinck, 1862년~1949년)가 쓴 희곡(동화극)으로 6막 10장으로 구성되어 있다. 남동생 틸틸(Tyltyl)과 여동생 미틸(Mytyl) 남매가 크리스마스 전야 꿈을 꾼다. 그들은 꿈속에서, 요정의 요청으로 파랑새를 찾으러 추억의 나라~밤의 궁전~숲~행복의 정원~미래의 왕국을 방문하지만 실패한다. 이후 꿈에서 깨어나며 자신들의 새장 안에 그렇게 찾아다니던 파랑새가 있다는 것을 깨닫게 된다. 초라하지만 깔끔한 나무꾼의 깜깜한 오두막을 시작으로 두 아이의 여행길을 따라가며 시간과 운명, 참모습과 허상, 그리고 죽음과 이별의 의미를 되새기도록 한다. 이를 통해 결국 행복은 먼 곳에 있는 것이 아니라 우리들 가까이에 있다는 것을, 파랑새를 상징물로 하여 형상화한 것이다.

꿈이 닫히며 바다의 수심(愁心)에 젖은 파랑새가 날아오른다. 파랑새는 철새 되어 우리를 떠나며 '행복' 꽃을 향한 서사를 남긴다. 떠나간 자리에 트위터(Twitter)의 로고를 닮은 검은색 AX(인공지능 전환, AI Transformation)가 들어온다. 검정은 인간 존재의 서사에서 최후의 죽음과 더불어 자아의 상실을 상징적으로 나타낸다. 흔들리는 문화에서 자아의 상실은 차용과 모방을 맹목적으로 추구하는 대리(타아) 문화(자아 대신 타아 또는 매개체를 통해 간접적으로 문화를 소비하거나 체험하는 현상)의 전형으로 확대된다. 그러나 검정은 빅뱅의 출발을 알리는 탄생과도 연관된다. 절대자가 어둠에서 빛을 창조하는 동안, 우리는 깊은 밤을 지나 눈부신 아침 햇살과 함께 간밤의 꿈을 떠올리며 또 다른 AX의 시간을 시작한다. 계절이 파랗게 물들어 가는 어느 날, 검은 AX는 블루스(Blues)와 함께 게시(Post)에서 날려 버리고, 우리 행복의 문신인 파란(Blue) 파랑새를 재게시(Repost) 한다. 인공지능 시대의 지배종인 의도된 오류 알고리즘과 편향된 필터 버블(filter bubble, 인터넷 정보 제공자가 개인의 취향이나 선호도를 분석해 적절한 정보를 골라서 제공함에 따라 이용자가 선별된 정보만을 제공받게 되는 현상)을 벗어난다. 파랑새가 남긴 '행복' 꽃을 향한 서사는 파랑 인공지능 꽃으로 피어난다.

"~(전략)~.
이제 우리는 꽃이 인간에게 불굴의 용기와 굳은 심지, 기발한 재치의 경이로운 모범이 되어가는 과정을 지켜볼 것입니다. 누구든 정원에

핀 작은 꽃 한 송이가 발휘하는 에너지의 절반만이라도 자신을 괴롭
히는 온갖 역경을 극복하는 데 투여한다면, 지금과는 아주 다른 운명
을 맞이할 수 있을 거라고 믿어도 좋습니다.
~(후략)~."
- 〈꽃의 지혜〉(L'Intelligence des fleurs), 모리스 마테를링크-

한강과 문화 별곡

　　데이터를 기반으로 학습~추론~인식하며 문제 해결을 추구하는
인공지능 생태계에 자아 문화(개인이나 집단의 정체성과 가치를 중
심으로 형성되고 소비되는 문화)를 향한 에너지가 넘친다. 자아 문
화는 인공지능 문해력(AI Literacy)을 안으며 인공지능 지혜력(AI
Minerva)으로 쌓여간다.

마테를링크의 파랑새와 미네르바의 부엉이가 행복과 지혜, 밝음과 어둠의 조화를 이루며 공존하는 시공간, 한강(Hangang River).

객체적 상수인 검은색 AX와 작별한다. 주체적 변수인 붉은 회복탄력성, 진분홍 변용력 그리고 파란 지혜력을 사뿐히 밟는다. AI세의 에너지가 빨강 해돋이~진분홍 해넘이~파랑 낮이 되어 한강에 안긴다. 한강은 위로와 치유의 강이며, 진화를 위한 서사의 강으로 흐른다. 한강을 비추는 햇살과 불어오는 바람이 어우러지며 AI세의 문화 별곡을 짓는다. 운명의 주인이 부르는 환희의 송가(頌歌)와 영혼의 선장이 짓는 진달래꽃과 함께 파란색 AX가 지혜로 열린다. AI세의 입춘지절(立春之節).

※ 이 글은 〈르몽드 디플로마티크-르몽드 문화 톡톡〉 2025년 2월호에 수록되었던
「무질서-회복탄력성 그리고 한강 별곡」과 2025년 3월호에 수록되었던 「하늘의
천-진달래꽃 그리고 디지털 주단」(최양국)을 수정·보완한 것입니다.

3장 〈인간 없는 스타의 시대: AI와 K-POP〉 – 이지혜

- Cynthia Freeland, But Is It Art? An Introduction to Art Theory (Oxford University Press, 2001)
- Jean Baudrillard, Simulacra and Simulation (1981, 영문판: University of Michigan Press, 1994)

5장 〈AI시대의 그림책, 공공선을 그리다〉 – 한기현

- 질 들뢰즈, 펠릭스 가타리 『천 개의 고원(Mille Plateaux)』, 새물결출판사, 2001
- 김성우, 『인공지능은 나의 읽기-쓰기를 어떻게 바꿀까』, 유유출판사, 2024

7장 〈AI, 우리 자신을 비추는 거울〉 – 이윤진

- 마르셀 프루스트, 『잃어버린 시간을 찾아서 제10권 갇힌 여힌 2』, 김희영 역, 민음사, 2025.
- OECD, 『Artificial Intelligence in Society』, OECD, 2019.6.11.
- OECD, 『Advancing Accountability in AI』, OECD Digital Economy Papers No.349, OECD, 2023.
- 김세형·윤주현, 「AI 이미지의 성 편향성 비교 분석 후 개선 방안」, 『한국디자인학회 학술발표대회 논문집』, 한국디자인학회, 2023.
- Jobin, A., Ienca, M. & Vayena, E., 「The global landscape of AI ethics guidelines」, Nature Machine Intelligence, 1, 2019, pp. 389–399.
- Joanita Nagaba & others, 「Does the AI Act Adequately Allocate Responsibilities along the Value Chain for High-Risk Systems?」, KU Leuven University, 2025.1.28.
- Ophélie Stockhem, 「Discrimination in Hiring: The Case for Alignment of the EU AI Act with EU Equality Laws」, Center for Democracy & Technology, Mar.20.2023.
- Robyn Caplan & others, 「Algorithmic Accountability: A Primer」, Data & Society, Apr.18.2018.

• 권하영, 「'CEO 검색하면 백인남성만 뜨네'… 검색·추천 '공정성' 문제 없을까?」, 《디지털데일리》, 2021.5.7.

• 나원정, 「키워드만 넣으면 30초 만에 쓴다, 'AI문학'의 탄생」, 《중앙일보》, 2022.8.11.

• 노정동, 「대중에게 훈련 맡기자 '인종차별'부터 배운 AI」, 《한국경제》, 2021.1.17.

• 박병수, 「유엔 인권최고대표 'AI 인권침해 대책 마련까지 판매 중지해야'」, 《한겨레》, 2021.9.16.

• 박찬, 「중국, 9월부터 AI 생성 콘텐츠 표기 의무 적용」, 《AI타임스》, 2025.3.18.

• 신기림, 「트럼프, AI의 국가안보 위협 규제했던 바이든 행정명령 폐기」, 《뉴스1》, 2025.1.21.

• 이영섭, 「구글, 상부 비판한 AI전문가 '부당해고' 논란… 직원 집단 항의」, 《연합뉴스》, 2020.12.6.

• 정봉오, 「20대 여대생 AI '이루다' 활동 중단… '혐오 논란' 사과」, 《동아일보》, 2021.1.11.

• 정성호, 「IT 정조준한 바이든 행정명령… '인수 검증, 데이터 수집 규제'」, 《연합뉴스》, 2021.7.10.

• 전웅빈, 「규제 없는 AI, 감독 없는 무법지대 연상… 美 의회도 딜레마」, 《국민일보》, 2024.1.1.

• ACROFAN, 「2025 미디어아트 축제, HI vs AI 영상제 열린다! 4/24 개막」, 《ACROFAN》, 2025.4.22.

• 연합뉴스, 「美 기술기업, 'AI 리더십' 트럼프 맞아 '규제→옹호' 입장 변화」, 《연합뉴스》, 2025.3.25.

• Alex Engler, 「The AI Bill of Rights makes uneven progress on algorithmic protections」, 《Brookings》, Nov.21.2022.

• Anjana Susarla, 「Biden administration executive order tackles AI risks, but lack of privacy laws limits reach」, 《The Conversation》, Nov.2.2023.

• 대한민국 개인정보보호위원회, 「자동화된 결정에 대한 개인정보처리자의 조치 기준」, 고시 제2024-9호, 2024.9.26.

- 민영경, 「동향리포트: 바이든 대통령, 'AI 권리장전' 발표」, 한국과학창의재단, 2022.10.4.
- 엄지현, 「사회에 많은 기회와 도전 제기하는 AI, 중요한 것은 신뢰할 수 있는 시스템」, 『OECD AI 거버넌스 작업반(WPAIGO) 논의 동향』, KDI, 2023.
- AI Now Institute, Annual Reports 2018–2021.
- Deloitte, 「State of Ethics and Trust in Technology – Annual Report, Third Edition」, Deloitte, 2024.
- European Commission, 「White Paper on Artificial Intelligence – A European Approach to Excellence and Trust」, European Commission, 2020.2.19.
- European Commission, 「White Paper on AI」, European Commission, 2020.2.19.
- European Digital Rights (EDRi), 「The Fundamental Rights Limits of the EU AI Act」, 2021.
- European Parliament, 「The EU's Artificial Intelligence Act: A Briefing」, European Parliament, 2024.2.9.
- European Parliamentary Research Service(EPRS), 「Artificial Intelligence: Opportunities and Risks」, 2025.4.24.
- Microsoft, 「Microsoft의 책임 있는 AI: 2024 RAI 투명성 보고서」, Microsoft, 2025.
- OECD, 「Advancing Accountability in AI」, OECD, 2023.
- OECD, 「Artificial Intelligence in Society」, 2019.
- OECD, 「OECD AI Principles」 관련 문서.
- OSTP(White House Office of Science and Technology Policy), 「Blueprint for an AI Bill of Rights」, 2022.10.
- World Economic Forum, 「Global Technology Governance Report」, Insight Report, 2020.12.2.

8장 〈미래교육과 AI 디지털 교과서〉 – 김정희

- 정대현, 『로봇종 인간, 자연종 인간』, 커뮤니케이션북스, 2025
- 가즈오 이시구로, 홍한별 역, 『클라라와 태양』, 민음사, 2021
- 이근호 외, 『서책형과 디지털 교과서의 활용 양상 분석 및 개선 방안 연구 : 온·오프라인 교육 환경을 중심으로』, 한국교육과정평가원 RRT 2023-1

- 이광호, 『2022년 이후, 한국 교육을 말하다』 에듀니티, 2022
- 경향신문 2020.01.13. '1,500억 에듀파인' 개통 직후 서비스 중단이라니
- 한국일보 2022.03.24. 학평 홈페이지 접속량 폭주로 마비 …재택응시 차질
- 조선일보 2023.09.22. 한국, 2025년 세계 첫 'AI 디지털 교과서' 도입한다
- 조선일보 2024.12.27. AI 교과서 무산 위기…'교육자료로 강등' 법안 통과
- 서울 경제 2025.05.28. 이세돌 "알파고 이후 프로바둑 비약적 성장…AI 활용 능력이 실력 갈라"

9장 〈AI세의 문화별곡〉 - 최양국

- 금난새, 『금난새의 클래식 여행』, 아트북스, 2012
- 김성현, 『클래식 수첩』, 아트북스, 2011[3] 윌리엄 버틀러 예이츠 (W.B.Yeats), 이철 옮김, 『윌리엄 버틀러 예이츠 자서전』, 한국문학사, 2018
- 장성현, 「예이츠와 김소월의 비교연구」, 『19세기 영어권 문학』, 제24권 1호, 19세기 영어권 문학회, 2020[5] 모리스 마테를링크(Maurice Maeterlinck), 김주경 옮김, 『파랑새』, 시공주니어, 2015
- 모리스 마테를링크(Maurice Maeterlinck), 성귀수 옮김, 『꽃의 지혜』, 아르테(arte), 2017

영화와 권력

김경욱, 서곡숙, 송영애 외

우리 시대의 권력은 노골적으로 잘 드러나지는 않지만, 한편으로는 매우 미시적으로 인간의 신체와 개인의 내면 깊숙이 정교하게 침투하고 있다.

영화와 가족

김경욱, 서곡숙, 최재훈 외

영화가 영상 매체이자 이야기 매체라고 할 때, 이야기의 중심에는 인간이 놓일 수밖에 없다.

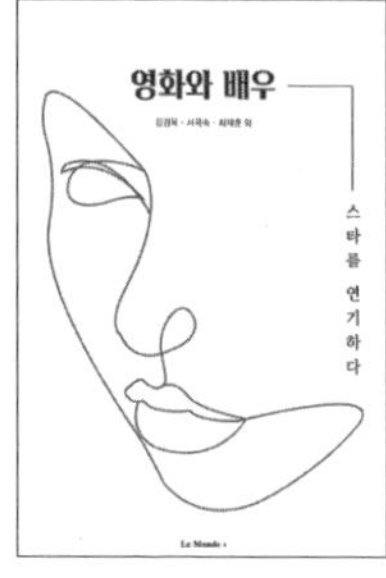

영화와 배우

김경욱, 서곡숙, 최재훈 외

우리는 거의 매일 영화나 드라마를 접하고 있기에, 배우가 연기하는 건 너무 친숙한 사건이다. 그런데 되돌아보면 '배우가 연기한다'는 건 참 이상한 일이기도 하다.

영화와 관계

서곡숙, 서성희 외

인생의 어느 한 지점에서 만날 수 있는 여러 관계들을 그려낸 영화들 중에서, 영화평론가들의 마음 한 구석을 불편하게 만들었던 영화와 등장인물들의 관계에 주목했다.

유럽영화감독 1

서곡숙, 박태식 외

이 책은 유럽영화의 문법에 익숙하지 않은 독자들이 보다 쉽게 유럽영화에 입문할 수 있는 길잡이가 되어줄 것이다.

미국영화감독 1

서곡숙, 이현경 외

결론적으로 영화의 주제나 시각적 스타일 등 어떤 하나의 잣대로 이들 감독을 묶을 수 없다.

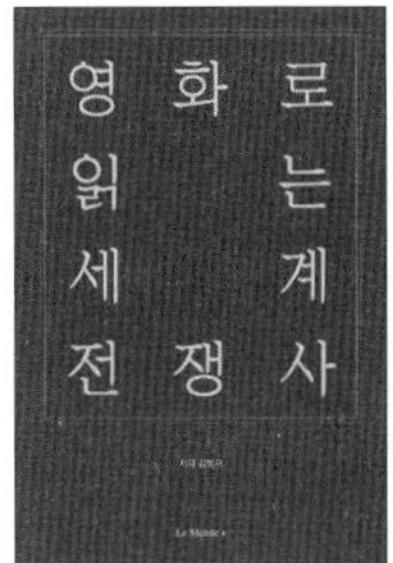

영화로 읽는 세계 전쟁사

김병재 저

역사를 들여다보는 방법은 많다. 영화 역시, 끊임없이 스크린 속으로 역사를 끌어들여왔다. 그렇게 영화는 전쟁이 몰고 온 인간의 삶과 죽음에 주목해 왔다.

영화로 읽는 도시 이야기

서곡숙, 서성희 외

영화 속 공간은 이야기를 진행시키는 실체적 배경이다. 강한 빛만큼이나 짙은 어둠이 드리운 도시의 풍경은 사람들의 삶을 더 영화적으로 만들어가고 있다.

영화의 장르, 장르의 영화

서곡숙, 이호 외

우리는 왜 영화를 장르적으로 사고하고, 장르적인 분류법에 따라서 영화를 읽고 공부하려 하는가?

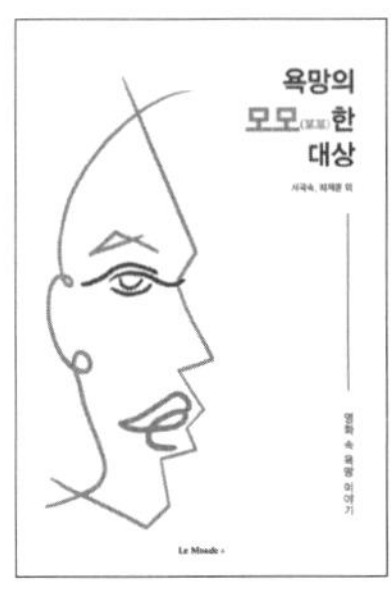

욕망의 모모한 대상

서곡숙, 최재훈 외

사회적 함의 속에서 욕망에 관한 영화는 그 태도에서 명백하게 갈등에 빠지고 만다. 하지만 그런 안전장치를 과감하게 깨부수고, 강렬한 메시지를 선택하는 영화도 있다.

소사이어티 없는 카페

성일권 저

이 글은 세상에 늘 낯선 이질감을 느끼는 어느 표류자(漂流子)가 표표히 흐른 지난 세월의 흔적들을 더듬어본 소소한 기록이라 해야겠다.

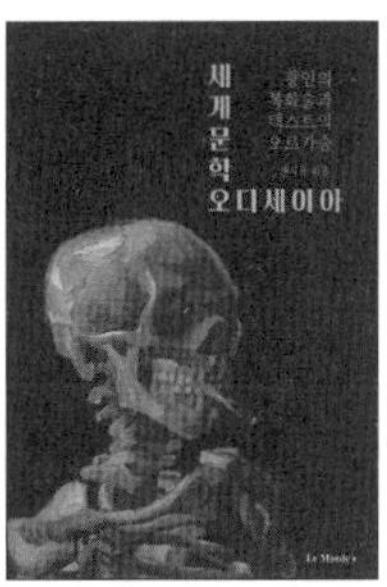

세계문학 오디세이아

안치용 저

이 책은 '사랑', '근대', '구원' 등 16개 주제로 누구나 동의하는 세계문학 고전을 종횡무진 휘저어 탐색한 결과물이다.

우리는 왜 피로한가

김민정, 김정희, 서곡숙 외

급격한 경제발전, 무한경쟁, 성과주의, 비교문화… K-피로에 대해 이미 많은 사람이 저마다의 진단과 해법을 제시해 왔다. K-피로에 대한 아홉 편의 글.

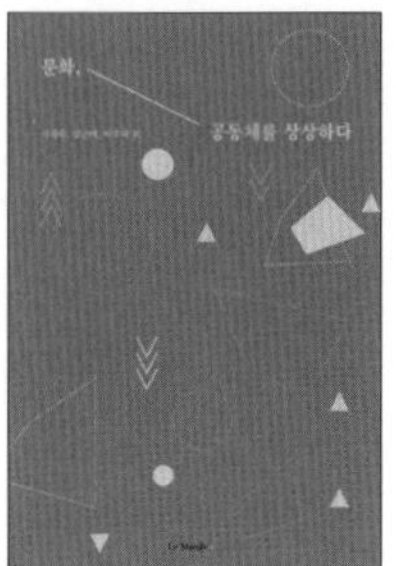

문화, 공동체를 상상하다

서곡숙, 양근애, 이주라 외

공동체는 문화만큼이나 크고 넓은 말이기에 망라할 수 없는 미지의 영역으로 끊임없이 움직이고 있다.

문화, 정상은 없다

류수연, 서곡숙, 이병국 외

우리 삶 저변에 놓인 정상성 논의가 우리에게 가하는 억압과 차별의 기제를 살펴보고 이를 돌파할 여지를 모색하고자 하였다.

비판 인문학 120년사

성일권 저

인문주의는 인간 고유의 가치를 담은 예술·종교·철학·과학·윤리학 등을 존중하며, 인간을 짓밟는 모든 압력을 떨쳐내려는 노력을 일컫는다.

페미니즘과 섹시즘

피에르 부르디외 저

여성들이 자신의 존엄성을 찾기 위해 한 세기 넘도록 힘겹게 투쟁해온 지난한 여정을 담고 있다.

그곳에 가면 다른 페미니즘이 있다

에마 골드만 저

국제사회에서의 여성 억압 현실과 여성들의 투쟁과 전진, 그리고 여성운동의 성취와 과제를 짚어본다.

좌파가 알아야 할 것들

르몽드 디플로마티크 저

진보정치를 향한 인류의 거대한 희망과 그 희망을 실현하기 위한 다양한 실험과 좌절, 새로운 진보정치의 재시도, 그리고 한국 진보정치의 시련과 도전을 다루고 있다.

극우의 새로운 얼굴들

세르주 알리미 외

지구적으로 세계화의 그늘에서 독버섯처럼 퍼지고 있는 극우세력의 실체와 그 위험성을 담아내고 있다.

나쁜 장르의 B급 문화

슬라보예 지젝 외

저평가되는 장르들은 형태의 배반이며, 의미의 배반이다. 이것들은 형태를 새롭게 하며, 의미에 질문을 제기한다.

국제관계 전문시사지 〈르몽드 디플로마티크〉는 프랑스 〈르몽드〉의 자매지로 전세계 20개 언어, 37개 국제판으로 발행되는 월간지입니다. 르몽드코리아는 계간 테마무크지 〈마니에르 드 부아르〉 및 단행본 등을 함께 펴내고 있습니다.

문화와 AI —기계의 마음, 인간의 자리

펴낸곳	㈜르몽드코리아
주소	서울특별시 마포구 양화로 1길 83 석우 1층
홈페이지	www.ilemonde.com
이메일	info@ilemonde.com
전화	02-777-2003
팩스	070-4009-6502

초판 1쇄 발행	2025년 12월 22일
출판등록	2009. 09. 제1014-000119
ISBN	979-11-92618-95-1

지은이	김세연 김소영 김정희 서곡숙 이지혜 이윤진 임형진 최양국 한기현
펴낸이	성일권
편집위원장	서곡숙
디자인 · 커뮤니케이션	유주희

인쇄처	디프넷